电子商务理论与实践研究

郭灵玲◎著

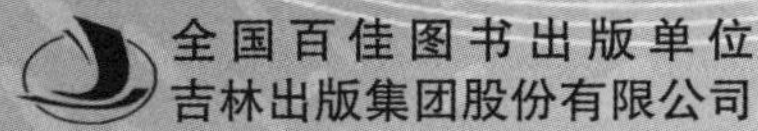

图书在版编目（CIP）数据

电子商务理论与实践研究/郭灵玲著. --长春:
吉林出版集团股份有限公司, 2023. 6
ISBN 978-7-5731-3822-4

Ⅰ. ①电… Ⅱ. ①郭… Ⅲ. ①电子商务—研究 Ⅳ.
①F713. 36

中国国家版本馆CIP数据核字(2023)第131745号

DIANZI SHANGWU LILUN YU SHIJIAN YANJIU

电子商务理论与实践研究

著　　者：郭灵玲
责任编辑：欧阳鹏
封面设计：冯冯翼
开　　本：710mm×1000mm　1/16
字　　数：235千字
印　　张：12.5
版　　次：2023年6月第1版
印　　次：2023年6月第1次印刷

出　　版：吉林出版集团股份有限公司
发　　行：吉林出版集团外语教育有限公司
地　　址：长春市福祉大路5788号龙腾国际大厦B座7层
电　　话：总编办：0431-81629929
印　　刷：长春新华印刷集团有限公司

ISBN 978-7-5731-3822-4　定　　价：75.00元

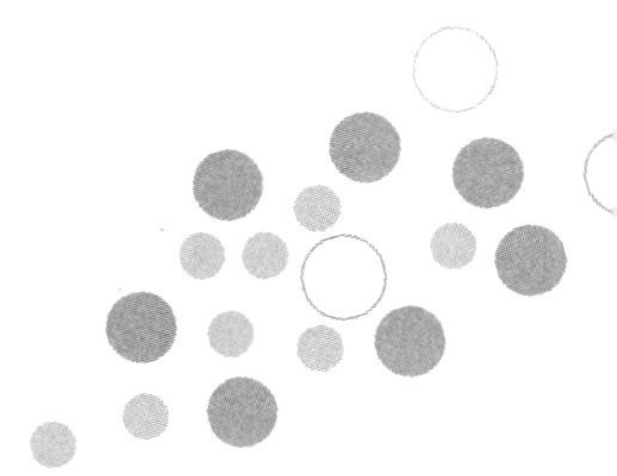

前　言

进入 21 世纪，随着计算机网络、通信技术的飞速发展，特别是互联网在全球的广泛应用，电子商务已成为企业和组织进行各种商务活动的一种崭新的技术手段。面对这样的趋势，越来越多的企业开始将互联网作为企业竞争的主战场，开始加大发展电子商务的力度。同时，电子商务也改变着人们的生活方式，带来了思维方式和行为准则的变化，其影响远远超过技术和商务本身。人们生活在信息社会，有必要对电子商务的相关知识有所了解。

为了适应社会经济发展对电子商务知识的需求，必须大力培养我国电子商务人才，尤其是工作在一线的应用型人才。在经济高速发展的当今时代，电子商务的应用越来越广泛，几乎渗透每一个行业领域，影响着政府、各种社会组织与个人的行为方式，其理论体系与运作机制也日趋成熟。电子商务所带来的商业革命，彻底改变了传统的商贸方式和规则，促进了企业的管理变革，推动了社会经济的发展。本书以电子商务概述为切入点，系统地介绍了电子商务模式、电子商务实现技术、电子商务支付、电子商务物流、电子商务安全，以及电子商务的应用实践。

随着互联网的飞速发展，很多企业用新型的网络营销模式来替代传统的营销模式，更大程度地满足了消费者的需求，与此同时也提高了企业的经济利润。希望本书的出现能给读者带来一定的启发，也敬请广大读者和专家批评、指正。

2023 年 4 月

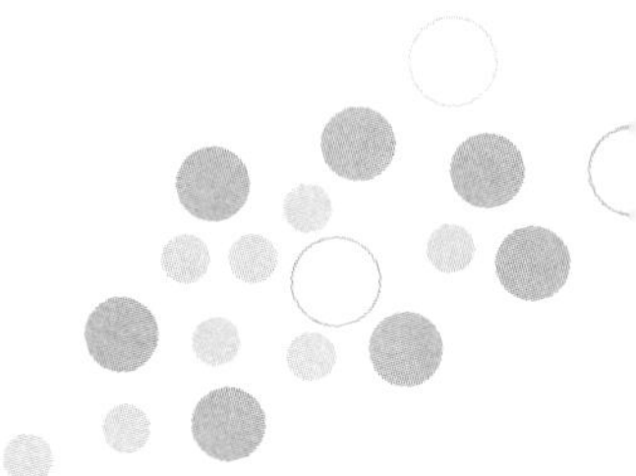

目　　录

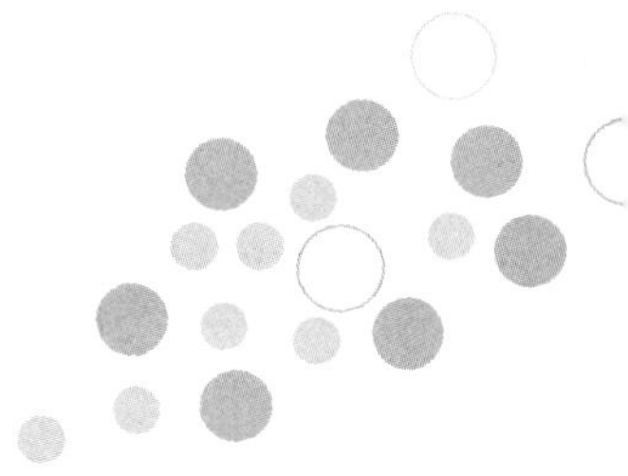

第一章　电子商务概述

第一节　传统商务与电子商务

21 世纪，电子商务正以前所未有的力量冲击着人们千百年来形成的商务观念与模式，直接作用于商务活动，间接作用于社会经济的方方面面。电子商务已经成为商业创新的主要动力，在促进消费与结构调整方面展现出了强大的动力，成为驱动国民经济和社会发展的新要素，也为技术进步与创新创业提供了平台。随着国家“互联网 +”行动计划的实施，“互联网 +”电子商务迎来了新一轮的重要发展机遇，呈现出一系列新内涵、新特征和新趋势，并且在大宗商品交易、个人消费服务、跨境电子商务、农村电子商务、移动电子商务等领域迎来新发展。

一、传统商务

自从有了商品和商品交换，就有了商务活动。商务作为人类最基本的实践活动，是指一切与商品买卖服务相关的商贸活动，是人们为了生产优良的商品、扩大市场、获得更高的利益回报而进行的社会交际活动。商务的概念有广义和狭义之分，广义的商务通常指一切与商品买卖服务相关的商业事务；狭义的商务即指商业或贸易。

传统商务就是用户利用电话、传真、信函和传统媒体来实现商务交易和管理的过程。用户能够通过传统手段进行市场营销、广告宣传、获得营销信息、接收订货信息、进行购买决策、支付款项、客户服务支持等。这种传统手段具有环节多、成本高、效率低等特点。

传统商务的交易流程是企业在具体进行一个商务交易过程时的实际操作步骤

和处理过程，由交易前的准备、贸易磋商、合同与执行、支付等环节组成。

（一）交易前的准备

对于传统商务交易过程来说，交易前的准备就是供需双方如何宣传或者获取有效的商品信息的过程。商品供应方的营销策略是通过报纸、电视、户外媒体等各种广告形式宣传自己的商品。对商品的需求企业或消费者来说，要尽可能得到自己所需要的商品信息，来拓宽自己的进货渠道。因此，交易前的准备实际上就是一个商品信息的发布、查询和匹配的过程。

（二）贸易磋商

在商品的供需双方都了解了有关商品的供需信息后，就开始进入具体的贸易磋商过程。贸易磋商实际上是贸易双方进行口头磋商或纸面贸易单证的传递过程，这一过程包括询价、价格磋商、合同谈判、发货、运输、收货等，各种纸面贸易单证反映了商品交易双方的价格意向、营销策略管理要求及详细的商品供需信息。

（三）合同与执行

在传统商务活动中，贸易磋商过程一般通过口头协议来完成。但在磋商过程完成后，交易双方必须要以书面形式签订具有法律效力的商务合同来确定磋商的结果和监督执行，并在产生纠纷时通过合同条款由相应机构进行仲裁。

（四）支付过程

传统商务中的支付一般有支票和现金两种方式：支票方式多用于企业间的商务过程，会涉及双方的单位及其开户银行信息；现金方式常用于企业对个体消费者的商品销售过程。

二、电子商务

（一）电子商务的内涵

电子商务已经进入了传统商务活动的各个环节和各个领域，在互联网开放的网络环境下，以现代信息技术和通信技术为支撑，买卖双方可以在不谋面的情况下进行各种商务活动，实现消费者的网上购物、商户之间的网上交易和在线电子支付等各种商务活动、交易活动、金融活动，以及相关的综合服务活动。

IBM公司于1996年提出了Electronic Commerce(E–Commerce)的概念,1997年,该公司又提出了 Electronic Business（E–Business）的概念；1997 年 7 月，美国政府发表了《全球电子商务政策框架》白皮书，从此“电子商务”一词被正式使用，并受到全世界的瞩目。

事实上，电子商务至今还没有一个较为全面、权威、能够为大多数人所接受的定义。国内外不同的著作、机构等对电子商务的定义都有差异；各国政府、学者、企业界人士根据自己的理解和对电子商务的参与程度，给出了许多不同的定义。本书采用《中华人民共和国电子商务法》第二条的定义：“电子商务，是指通过互联网等信息网络销售商品或者提供服务的经营活动。”

电子商务有广义和狭义之分。狭义的电子商务（E–Commerce）是指人们在互联网上开展的交易或与交易有关的活动。广义的电子商务（E–Business）是指利用不同形式的网络技术和手段，以及其他信息技术所进行的企业的所有业务活动。可以认为，E–Business 包含了 E–Commerce 的内容，它不仅包括了企业商务活动中面向外部的业务流程，如网络营销、电子支付、物流配送等，还包括面向企业内容的业务流程，如企业资源计划、管理信息系统、客户关系管理、供应链管理、人力资源管理、战略管理、市场管理、生产管理、研发管理、财务管理等内容。

（二）电子商务的概念模型

电子商务的概念模型是对现实世界中电子商务活动的抽象描述，由电子商务实体、交易事务、电子市场和信息流、资金流、商流、物流等基本要素构成。电子商务实体是指能够从事电子商务活动的客观对象，它可以是企业、银行、商店、政府机构或个人。交易事务是指电子商务实体之间所从事的具体的商务活动的内容，如询价、报价、转账支付、广告宣传和商品运输等。电子市场是指电子商务实体从事商品和服务交易的场所，它是由各种商务活动参与者，利用各种接入设备，通过网络连接成的一个统一的经济整体。

任何一个商务活动都离不开四种基本的“流”，即信息流、资金流、商流和物流。电子商务作为电子化手段的商务活动，也同样如此，电子商务的任何一笔交易都包含信息流、资金流、商流和物流这四个基本要素。

一是信息流，既包括商品信息提供、促销行销、技术支持和售后服务等内容，也包括询价单、报价单、付款通知单和转账通知单等商业贸易单证，还包括交易方的支付能力、支付信誉和中介信誉等。

二是资金流，主要指资金的转移过程，包括付款、转账、结算、兑换等过程，它始于消费者，终于商家，中间可能经过银行等金融机构。

三是商流，指商品在购销之间进行交易和商品所有权转移的运动过程，具体指商品交易的一系列活动。

四是物流，主要指物质实体的流动过程，即运输、存储、流通加工、装卸、保管、物流信息管理等各种活动。

在电子商务环境下，信息流、资金流和商流的处理都可以通过计算机和网络通信设备实现。物流则是电子商务“四流”中最为特殊的一种，对于少数商品和服务来说，可以直接通过网络传输的方式进行配送，如各种电子出版物、信息咨询服务、软件等。

“四流”的关系可以表述为：以信息流为依据，通过资金流实现商品的价值，通过物流实现商品的使用价值；物流应是资金流的前提与条件，资金流应是物流依托的价值担保，并为适应物流的变化而不断进行调整；信息流对资金流和物流活动起着指导和控制作用，并为资金流和物流活动提供决策的依据；商流是交易的核心，也是交易的最终目的。

（三）电子商务的功能

一是广告宣传：电子商务使企业可以通过自己的网站服务器、网络主页和电子邮件在全球范围内做广告宣传，在互联网上宣传企业形象和发布各种商品信息。

二是咨询洽谈：企业可借助非实时的电子邮件、新闻组和实时的讨论组来了解市场和商品信息、洽谈交易事务。

三是网上订购：企业的网上订购系统通常都是在商品介绍的页面上提供十分友好的订购提示信息和订购交互表格，当客户填完订购单后，系统回复确认信息单，表示订购信息已收悉。

四是网上支付：网上支付是电子商务交易过程中的重要环节，客户和商家之间可采用信用卡、电子钱包、电子支票和电子现金等多种电子支付方式进行网上支付。采用网上支付方式节省了交易的成本。

五是电子账户：客户的信用卡号或银行账号是电子账户的标志，它是客户所拥有金融资产的标识代码。电子账户通过客户认证、数字签名、数据加密等技术的应用保证了电子账户操作的安全性。

六是服务传递：电子商务通过服务传递系统将客户所订购的商品尽快地传递到已订货并付款的客户手中。对于有形的商品，服务传递系统可以通过网络对在本地或异地的仓库或配送中心进行物流的调配，并通过物流服务部门完成商品的传送；而无形的信息产品如软件、电子读物、信息服务等，则通过网络将商品直接传递到客户端。

七是意见征询：企业的电子商务系统可以采用网上问卷等形式及时收集客户对商品和销售服务的反馈意见，这些反馈意见能提高线上、线下交易的售后服务水平，使企业获得改进产品、发现新市场的商业机会，使企业的市场运作形成一个良性的封闭回路。

八是交易管理：电子商务的交易管理系统可以借助网络快速、准确地搜集大量的数据信息，利用计算机系统强大的处理能力，针对与网上交易活动相关的人、财、物、客户及本企业内部事务等各方面进行及时、科学、合理的协调和管理。

（四）电子商务的特性

电子商务是将传统商务活动中的物流、资金流和信息流利用网络技术进行整合的商业运作方式，能直接与分布在各地的客户、员工、供应商和经销商进行连接，创造更具竞争力的经营优势。电子商务使企业具备灵活的交易手段和快速的交货方式，可以帮助企业优化其内部管理流程，以更快捷的方式将产品和服务推向市场，大幅促进社会生产力的提高。与传统商务相比，电子商务具有以下特性。

1. 业务全球化

网络可以使交易各方直接在网上完成交易或与交易有关的全部活动，它使商品和信息的交换过程不再受时间和空间的限制。任何人都可以在任何时间、任何地点利用电子商务服务功能进行电子商务活动，如企业可以利用互联网将商务活动的范围扩展到全球，相应地，消费者的购物选择也是全球性的。

2. 服务个性化

在电子商务环境中，客户不再受地域的限制，也不再仅仅将目光集中在最低价格上，因此，服务质量在某种意义上成为商务活动的关键。同时，技术创新带来新的成果，网络应用使企业能自动处理商务过程，不再像以往那样强调公司内部的分工。

企业通过将客户服务过程移至互联网，使客户能以一种比过去更便捷的方式获得服务，如将资金从存款户头移至支票户头、查看信用卡的收支、记录发货乃至搜寻并购买稀有产品等，这些都可以使客户足不出户而实时完成。

显而易见，电子商务提供的客户服务具有一个非常明显的特点：方便性。不仅让普通客户受益，企业同样也能受益。例如，中国工商银行通过电子商务服务，使客户能全天候地操作资金账户，存取资金，快速地查阅诸如押金利率、贷款过程等信息，使服务质量大大提高。

3. 业务集成性

电子商务的集成性，首先表现为企业事务处理的整体性和统一性，它能重新规范事务处理的工作流程，将人工操作和电子信息处理集成为一个不可分割的整体。这样不仅能更好地利用人力和物力，也增强了系统运行的严密性。其次表现为与客户的直接互动性，在网络中企业可以依据网页向用户提供各类信息，展示产品的视觉形象，介绍产品的性能、用途，可以根据用户的要求组织生产。然后直接出售给客户，并提供各类服务，甚至还可以让消费者直接参与产品的设计与定制，使消费者能够了解产品的真实质量，公开询价，并能直接购买到自己称心如意的商品。最后表现为企业与销售方、供货方、商务伙伴间更加密切的合作关系。为提高效率，许多组织都建立了基于网络的交互式协议，电子商务活动可以在这些协议的基础上进行，如利用互联网将本企业内部的信息系统与供货方连接，再连接到订单处理系统，并通过一个供货渠道加以处理。这样，企业不但节省了时间，消除了纸质文件带来的麻烦，提高了决策质量；同时还和上、下游商家建立了长期稳定的合作关系。企业内外部信息的直接传递和沟通能使企业从市场上快速地获取信息，并对市场的变化作出迅速的反应，通过电子单证交换、动态货物跟踪、电子资金转账等手段来完成整个交易过程，从而使企业进一步提高效率、降低成本。

4. 电子商务的均等性

电子商务的应用，给大、中、小企业都带来了机遇与挑战，而这些机遇都是均等的。电子商务的均等性对于中小型企业来说尤其有利。互联网代表了一个开放性的大市场，它使小型企业无须庞大的商业体系，无须昂贵的广告费用，无须众多的营销人员，而只需要通过互联网上的网页，就可以打开市场，而且是国际市场。在这个市场上，可以接触到世界范围内的广大客户，使中小型企业可以从原来主要由大企业占有或几乎垄断的市场中获得更多的利润。在互联网上，任何一家新成立的公司都可能与成名已久的大公司有同样多的机会。因为在互联网上，用户的贸易地位从主动变为被动，而且在交易过程中，用户比较的不是企业的规模和办公环境，而是企业产品的价格与性能，以及企业服务质量。

三、传统商务与电子商务的比较

传统商务活动起源于远古时代，当人们对日常活动进行分工时，商务活动就开始了。分工产生后，每个家庭不再像以前那样既要种植粮食又要打猎和制造工具，而是专心于某一项活动，然后用相应的产品去换取所需之物。例如，制造工具的家庭可以和种植粮食或打猎的家庭互换产品。那时，物品信息靠听说、观察来获取，有些消息灵通人士善于利用这些信息进行货物交换，后来被称为商人。在这些原始的商务活动中，无形的服务也开始了买卖，例如，通过为商人带路换取商品等。

但是，电子商务并非新兴之物。早在 1839 年，当电报刚出现的时候，人们就开始运用电子手段进行商务活动。随着电话、传真、电视、移动通信设备等电子工具的出现，商务活动中可应用的电子工具进一步扩大。电子商务真正起始于 20 世纪 70 年代的电子数据交换（EDI）。在此之后，伴随着计算机技术和网络通信技术的发展，借助互联网技术实现企业内部、企业之间、企业与客户之间的商业活动成为越来越多企业生存和发展的必然要求，并逐渐发展成为一个相对独立的、全新的商务领域。

通过比较可以看出，电子商务在交易各个环节都采用了与传统商务不同的运作方法，在许多方面，电子商务都优于传统商务，具有以下几个优点。

1. 交易虚拟化

通过互联网进行的贸易，贸易双方从贸易协商、签订合同到支付等，无须当面进行，均可通过互联网完成，整个交易完全虚拟化。对卖方来说，可以到网络管理机构申请域名，制作自己的主页，组织产品信息上网。而虚拟现实、网上聊天等新技术的发展使买方能够根据自己的需求选择广告，并将信息反馈给卖方。通过信息互动，签订电子合同，完成交易并进行电子支付，整个交易都在网络这个虚拟的环境中进行。

2. 交易成本低

电子商务使买卖双方的交易成本大大降低，具体表现在以下几个方面。

（1）距离越远，网络上进行信息传递的成本相对于信件、电话、传真而言就越低。此外，缩短时间及减少重复的数据录入，也降低了信息成本。

（2）买卖双方通过网络进行商务活动，无须中间者参与，减少了交易的有关环节。

（3）卖方可通过互联网进行产品介绍、宣传，避免了在传统方式下做广告、发印刷产品等成本。

（4）电子商务实行“无纸贸易”，可减少 90 % 的文件处理费用。

（5）互联网使买卖双方及时沟通供需信息，使无库存生产和无库存销售成为可能，从而使库存成本降为零。

（6）企业利用内部网（Intranet）可实现“无纸办公（OA）”，提高了内部信息传递的效率，节省了时间，并降低了管理成本。通过互联网把其公司总部、代理商，以及分布在其他国家的子公司、分公司联系在一起，及时对各地市场情况作出反应，即时生产、即时销售，降低存货费用，采用高效、快捷的配送公司提供交货服务，从而降低产品成本。

3. 交易效率高

由于互联网将贸易中的商业报文标准化，使商业报文能在世界各地瞬间完成传递与计算机自动处理，使原料采购、产品生产、需求与销售、银行汇兑、保险、货物托运及申报等过程无须人员干预，可在最短的时间内完成。传统贸易方式中，用信件、电话和传真传递信息，必须有人的参与，且每个环节都要花不少时间。有时由于人员合作和工作时间的问题，会延误传输时间，失去最佳商机。电子商务克服了传统贸易方式费用高、易出错、处理速度慢等缺点，极大地缩短了交易时间，使整个交易非常快捷与方便。

4. 交易透明化

买卖双方从交易的洽谈、签约，以及货款的支付、交货通知等整个交易过程都在网络上进行。通畅、快捷的信息传输可以保证各种信息之间互相核对，可以防止伪造信息的流通。例如，在典型的许可证 EDI 系统中，由于加强了发证单位和验证单位的核对，假的许可证就不易漏网。海关EDI也帮助杜绝边境的假出口、兜圈子、骗退税等行径。

第二节　电子商务的分类与影响

一、电子商务的分类

电子商务应用范围很广，从不同角度可以将其分为不同的类型。

（一）按交易主体进行分类

电子商务通常在三类交易主体之间进行，即企业（Business）、政府部门（Government）和个人消费者（Costomer）。按信息在这三类交易主体之间的流动，电子商务可以分为以下八种类型。

1. 企业与企业之间的电子商务

企业与企业之间的电子商务（B2B）是指企业与企业之间通过专用网络或互联网，进行数据信息的交换、传递，开展交易活动的商业模式。它将企业内部网和企业的产品及服务，通过B2B网站或移动客户端与客户紧密结合起来，通过网络的快速反应，为客户提供更好的服务，从而促进企业的业务发展。

B2B是目前应用最广泛的一种电子商务，它可以分为两种：一种是非特定企业间的电子商务，是在开放的网络中为每笔交易寻找最佳伙伴，并与伙伴进行从订购到结算的全部交易行为；另一种是特定企业间的电子商务，是指在过去与企业一直有交易关系并且今后要继续进行交易的企业间的各种商务互动。目前最具有代表性的B2B电子商务网站有阿里巴巴、敦煌网等。

2. 企业与个人消费者之间的电子商务

企业与个人消费者之间的电子商务（B2C）指企业与个人消费者之间进行的商品或服务的交易，即网络零售。这类电子商务基本上表现为在线零售，企业通过建立自己的网站，推销自己的产品（如食品、汽车等消费品）、服务（远程教育、在线医疗等网络服务），消费者可以通过访问网上商店浏览商品，进行网上购物或接受服务。随着近年来互联网的快速发展与全球网民数量的增加，B2C 得到了快速发展。目前，最典型的 B2C 电子商务网站有京东商城、天猫和当当网等。

3. 个人消费者与企业之间的电子商务

个人消费者与企业之间的电子商务（C2B）指先由消费者提出需求，然后商贸企业按消费者需求组织生产。该方式是由消费者根据自身需求来定制产品和价格，或主动参与产品设计、生产和定价，彰显消费者的个性化需要。

综上，可以把 C2B 看成是 B2C 的反向过程，也可以看成是 B2C 的补充。阿里巴巴创始人马云在 2015 年德国汉诺威 IT 展上表示：未来的世界，我们将不再由石油驱动，而是由数据驱动；生意将是 C2B 而不是 B2C，用户改变企业，而不是企业向用户出售，因为我们将有大量的数据；制造商必须个性化，否则他们将非常困难。

4. 个人消费者与个人消费者之间的电子商务

个人消费者与个人消费者之间的电子商务（C2C）是个人消费者之间通过网络商务平台实现交易的一种电子商务模式。该方式能够让消费者出售所持有的物品，如在淘宝网中开店并发布物品信息，物品需求者也可以在此平台上购买所需要的物品。

从理论上来说，C2C 模式是最能够体现互联网的精神和优势的，数量巨大、地域不同、时间不一的买方和同样规模的卖方通过一个平台找到合适的对象进行交易，在传统领域要实现这样的交易几乎是不可想象的。同传统的消费者对消费者市场相比，C2C 不再受到时间和空间的限制，节约了大量的市场沟通成本，其价值是显而易见的。

5. 企业与政府之间的电子商务

企业与政府之间的电子商务（B2G）涵盖了政府与企业间的各项事务，包括政府采购、税收、商检、管理条例发布，以及法规和政策颁布等。B2G 可以使企业与政府之间通过互联网方便、快捷地进行信息交换。一方面，政府作为消费者可以通过互联网发布自己的采购清单，公开、透明、高效地完成所需物品的采购；另一方面，政府对企业实施的宏观调控、监督管理等，以数字化方式更能充分、及时地发挥作用。例如，中央政府采购网和各地税务局的网上报税服务厅等就属于该模式。

6. 个人消费者与政府之间的电子商务

个人消费者与政府之间的电子商务（C2G）涵盖个人与政府之间的若干事务，如个人公积金缴纳、养老金的领取及个人向政府纳税等。C2G 方式具有透明的特点，在该方式下公民可以快速了解政府发布的各项信息。如全国大学生就业公共服务立体化平台等就属于 C2G 模式。

7. 线上到线下模式

线上到线下（O2O）是指将线下的商务机会与互联网结合，让互联网成为线下交易的前台，这个概念最早来源于美国。O2O 的概念非常广泛，只要产业链中既可涉及线上，又可涉及线下，就可通称为 O2O。

O2O 的优势在于把线上和线下的优势完美结合。通过网购导购机，把互联网与地面店完美对接，实现互联网落地。让消费者在享受线上优惠价格的同时，又可享受线下贴身的服务。同时，O2O 模式还可实现不同商家的联盟。

8. 协同商务

协同商务（CC）是将具有共同商业利益的合作伙伴整合起来，它主要是通过对整个商业周期中的信息进行共享，实现和满足不断增长的客户需求，同时也提升企业本身的活力。通过对各个合作伙伴的竞争优势的整合，共同创造和获取最大的商业价值，以及提供获利能力。

就协同商务概念而言，企业信息化建设的目的不仅是管理企业内部资源，还需要建立一个统一的平台，将客户、供应商、代理分销商和其他合作伙伴也纳入企业信息化管理系统中，实行信息的高效共享和业务的一系列链接。协同有两层含义：一层含义是企业内部资源的协同，即各部门之间的业务协同、不同的业务指标和目标之间的协同及各种资源约束的协同，如库存、生产、销售、财务间的协同，这些都需要一些工具来进行协调和统一；另一层含义是企业内外资源的协同，即整个供应链的协同，如客户的需求、供应、生产、采购、交易间的协同。

（二）按商务活动的内容分类

按商务活动的内容，电子商务可以分为完全电子商务和不完全电子商务。

完全电子商务是指交易过程中的信息流、资金流、商流和物流都能够在网上完成，商品或者服务的整个商务过程都可以在网络上实现的电子商务。该方式适用于数字化的无线产品或服务，如计算机软件、电子书籍、远程教育和网上订票等，供需双方可以直接在网络上完成订货或申请服务、货款的电子支付与结算、实施服务或产品交付等全过程，无须借助其他手段。

不完全电子商务即无法完全依靠电子商务方式实现和完成整个交易过程的交易，它需要依靠一些外部要素（如运输系统）来完成交易。这类电子商务主要针对有形商品，如书籍、计算机和日用品等，需要利用传统的渠道，如快递公司等，送货或实地交割货物。

（三）按开展交易的地域范围分类

按开展交易的地域范围，电子商务可分为本地电子商务、国（境）内电子商务和全球电子商务。

本地电子商务是指在本地区范围内开展的电子商务，交易双方都在本地范围之内，利用本地的电子商务系统开展商务活动。

国（境）内电子商务是指在本国（或某一关境）范围内开展的电子交易活动，其交易的地域范围比本地电子商务更大，参与商务活动的各方可能分布在国内不同的省市或地区，对软硬件和技术的要求更高。

全球电子商务是指在全世界范围内进行的电子交易活动，参加电子交易各方通过网络进行贸易，涉及有关交易各方的相关系统，如买方国家进出口公司系统、海关系统、银行金融系统、税务系统、运输系统、保险系统等。全球电子商务业务内容繁杂，数据来往频繁，要求电子商务系统严格、准确、安全、可靠，应制定世界统一的电子商务标准和电子商务（贸易）协议。

二、电子商务的影响

电子商务作为一种新型的交易方式，将生产企业、流通企业、消费者和政府带入了一个网络经济增长迅猛的新世界。在电子商务环境中，人们不受地理位置的限制，客户能以非常简捷的方式完成以往比较复杂的商业活动，同时企业对客户的服务质量大大提高。电子商务的发展对社会、经济和生活的影响是多方面的。

（一）电子商务对人们生活的影响

1. 信息获取方式的改变

在电子商务方式下，人们除了从电视、广播、书籍和报刊等传统媒体中获取信息以外,还可以从不受时间和地域限制的互联网上随时随地地获取海量的信息。

互联网通过大量的网站实现了真正的大众传媒的作用，它可以比任何一种方式更快、更直观、更有效地把一种信息或思想传播开来。而且网络传播信息有着双向性的特点，任何人都可以在任何时间、任何地点获取自己感兴趣的信息。股票信息网站之所以火爆，是因为可以进行股票交易和股票查询；体育网站吸引众多体育爱好者，是因为它不仅有实时的体育报道，而且允许体育爱好者发表自己的评论。通过网络还可以得到其他双向的信息服务，如通过网页可以找到商业机会，通过招聘网站可以寻找工作，在校大学生可以访问学校购买的知网数据库下载科技文章和优秀论文等。

2. 购物方式的改变

电子商务使消费者可以在足不出户的情况下，打开电脑、敲一敲键盘就能进入网上商店，查看成千上万的商品目录，挑选自己想要的商品，选定商品、填写订单并付款。订单确认后，商家可以立即收到订单，随即就会送出或寄出顾客购买的商品。

另外，支付方式得到了很大的转变。网络消费者只需要拥有一个网络账号，就可以在任何地点、任何时间享受银行服务，包括储蓄、转账、查询、证券交易、保险和财务管理等。

3. 教育方式的改变

随着电子商务的推广，网络学校应运而生，它采用远程实时多点、双向交互式的多媒体现代化教学手段，可以实时传送声音、图像、电子课件和教师板书，身处两地的师生能像现场教学一样进行双向视听问答。与传统的学校比较，网络学校的优势在于以下几个方面：首先，可以节省人力和物力资源；其次，可以排除地域差别，缩小先进地区与落后地区教学质量的差距，实时性、交互性远程教育还可使多种观念得以沟通和交流；最后，可以发挥好教师、好教材的优势，传统学校和局部授课只能影响着一个教室、一个学校，至多一个地区，而网络学校覆盖面可以达到整个网络。网络学校与其他远程教育方式（如广播大学、电视大学等）比较，具有更好的交互性、实时性的优点。

4. 娱乐休闲方式的改变

电子商务使人们可以在网络上购买、观看各个国家制作的电影和电视节目，可以购买、欣赏喜欢的音乐家、歌唱家演奏和演唱的曲目，可以在网络上获取种类繁多的游戏，而且可以通过网络与地球上任何一个有网络的地方的人同时在一个游戏中一决胜负。通过网络，还可以找到志趣相投的朋友，甚至找到终身伴侣。在网络上，还可以做现实生活中无法做的事情，如喂养喜欢的宠物，种花、植树、播种、耕耘等，当然这一切都是虚拟的，是网络给人们提供的新的休闲方式。当前，网络娱乐节目如网络游戏、网络聊天、视频点播、影视欣赏、音乐下载等已经成为互联网应用的热点，这种新的娱乐、休闲方式是电子商务新兴的行业，已经成为经济增长的一大支撑点，成为促进经济腾飞的“第四产业”。

（二）电子商务对政府政策和社会经济的影响

随着电子商务的推广，电子商务对政府政策和社会经济的影响将越来越广泛和深入。对政府政策的影响主要体现在对税收管理、货币政策和劳动力政策三个方面，对社会经济的影响主要体现在电子商务对经济的推动作用。

1. 对政府决策的影响

（1）对税收管理的冲击

税务当局对纳税人的身份确认变得困难，税收审计、稽查也失去了最直接的纸质凭证，企业通过网络提供的信息服务、信息咨询等活动收取的费用或者网上知识产权的销售活动都让税务机关很难稽核。同时，纳税人可以使用超级密码和用户双重保护来隐藏有关信息，这极大地增加了税务机关获取信息的难度。在国际互联网上，由于厂商和消费者可以在世界范围内直接交易，这也使商业中介作用被削弱或取消，也正是由于互联网是没有国界的，企业可能利用低税国或免税国的政策轻松避税。

（2）对货币政策的影响

电子商务支付的过程与手段使货币逐渐电子化。使用电子货币，原则上可以减少社会对现金的需求，这将导致商业银行库存现金的减少，从而使其创造信贷或货币的能力提高。至于银行将在何种程度上利用增加了的信贷能力，则是一个未解决的问题。这就要求国家在制定货币政策时必须考虑到这种扩大信贷的可能性。另外，电子货币作为新的支付手段，在提高货币流通速度的同时，也将严重影响控制货币量的运作形式。

（3）对劳动力政策的影响

交易费用降低导致生产分散化、生产过程和管理过程分离，工作岗位向国外转移，出现“虚拟”劳务流动。

2. 对社会经济的影响

（1）电子商务从根本上改变了市场

电子商务将改变商务活动的方式，如 B2B 模式的出现，让供货企业和采购企业之间将建立起远比过去密切的新型关系。同时，电子商务也将改变工作的组织方式，知识扩散及人们在工作场所中互相合作的新渠道将产生，工作中将需要更强的灵活性和适应性，工作人员的职责和技能将被重新定义。

（2）电子商务具有催化作用

电子商务将加快经济的变化速度，已经出现的许多局部性的趋势在电子商务的作用下都将加速发展。

（3）电子商务大幅度降低经济活动成本

电子商务可以降低企业间的交易成本、减少企业的信息成本。互联网上的信息具有互动性强，公开、免费的特点，这样，企业可以大幅度减少用于信息发布、收集和处理等方面的费用，减少企业在信息处理方面的重复投资，最终可以减少企业内部的经营成本，减少企业内部的决策环节。

（4）电子商务改变了时间的相对重要性

电子商务通过公司之间的紧密合作，提高了工作效率，缩短了交易的时间，改变了时间的相对重要性。由于时间的作用变化了，商业活动和社会活动的结构也变化了，这可能产生巨大的影响。

第三节　电子商务的功能与效益

一、电子商务的主要功能

电子商务可提供网上交易和管理等全过程的服务，因此它具有广告宣传、咨询洽谈、网上订购、网上支付、电子账户、服务传递、意见征询、交易管理等各项功能。

1. 广告宣传

电子商务可凭借企业的 Web 服务器和客户的浏览，在 Internet 上发布各类商业信息。客户可借助网上的检索工具（Search）迅速地找到所需商品信息，而商家可利用网上主页（Home Page）和电子邮件在全球范围内进行广告宣传。与以往的各类广告相比，网上的广告成本最为低廉，而带给顾客的信息量最为丰富。

2. 咨询洽谈

电子商务可借助非实时的电子邮件、新闻组（News Group）和实时的讨论组（Chat）来了解市场和商品信息、洽谈交易事务，如有进一步的需求，还可用网上的白板会议（White Board Conference）来交流即时的图形信息。网上的咨询和洽谈能超越人们面对面洽谈的限制、提供多种方便的异地交谈形式。

3. 网上订购

电子商务可借助 Web 中的邮件交互传送实现网上的订购。网上的订购通常都是在产品介绍的页面上提供订购提示信息和订购交互格式框。当客户填完订购单后，通常系统会回复确认信息单来保证收到订购信息。订购信息也可采用加密的方式，使客户和商家的商业信息不会泄漏。

4. 网上支付

电子商务要成为一个完整的过程，网上支付是重要的环节。客户和商家之间可采用信用卡账号进行支付。在网上直接采用电子支付手段将可省略交易中很多人员的开销。网上支付将需要更为可靠的信息传输安全性控制，以防止欺骗、窃听、冒用等非法行为。

5. 电子账户

网上的支付必须要由电子金融来支持，即银行或信用卡公司及保险公司等金融单位要为金融服务提供网上操作的服务。而电子账户管理是其基本的组成部分。

信用卡号或银行账号都是电子账户的一种标志。而其可信度需配以必要技术措施来保证。例如，数字证书、数字签名、加密等手段的应用提供了电子账户操作的安全性。

6. 服务传递

对于已付款的客户应将其订购的货物尽快地传递到他们的手中。而有些货物在本地，有些货物在异地，电子邮件将能在网络中进行物流的调配。而最适合在网上直接传递的货物是信息产品，如软件、电子读物、信息服务等。它能直接从电子仓库中将货物发到客户端。

7. 意见征询

电子商务能十分方便地采用网页上的“选择”“填空”等格式文件来收集用户对销售服务的反馈意见。这样能使企业的市场运营形成一个封闭的回路。客户的反馈意见不仅能提高售后服务的水平，更使企业获得改进产品、发现市场的商业机会。

8. 交易管理

整个交易的管理将涉及人、财、物多个方面，企业和企业、企业和客户及企业内部等各方面的协调和管理。因此，交易管理是涉及商务活动全过程的管理。

电子商务的发展，将会提供一个良好的交易管理的网络环境及多种多样的应用服务系统。这样，能保障电子商务被更广泛地应用。

二、电子商务的效益

1. 电子商务的经济效益

电子商务通过不断发展、不断完善，不但取得了革命性的成果，还使企业的促销、采购及办公成本大大降低。通过在线服务宣传，树立企业形象和品牌，提高了企业的生产质量和经营效益，对整个经济的发展都产生了深远影响。

电子商务的发展有利于促进我国产业结构调整，推动经济增长方式由粗放型向集约型转变，提高国民经济运行质量和效率，形成国民经济发展的新动力，实现经济社会的全面协调可持续发展。加快电子商务发展是应对经济全球化挑战、把握发展主动权、提高国际竞争力的必然选择，有利于提高我国在全球范围内配置资源的能力，提升我国经济的国际地位。推广电子商务应用是完善我国社会主义市场经济体制的有效措施，将有力地促进商品和各种要素的流动，消除妨碍公平竞争的制约因素，降低交易成本，推动全国统一市场的形成与完善，更好地实现市场对资源的基础性配置作用。

2. 电子商务的社会效益

电子商务正迅速地渗透社会生活的方方面面，已成为当今 IT 行业最为热门的话题和竞争的焦点，同时也为社会带来社会效益。

（1）促进全社会经济发展

贸易范围无限扩大而形成了全球贸易活动，贸易机会和交易量极大增加，促使全球范围内的经济形势向好的方向发展。

（2）促进知识经济的发展

知识经济以信息产业为核心和主要推动力，电子商务是信息产业的最为重要的一个组成部分，电子商务的发展会直接或间接地促进知识经济及相关方面的发展。

（3）促进新行业的出现

在电子商务条件下，传统的模式发生了重大的变化，经济管理从集中走向分散，社会分工方式发生了变化，产生了大量的新兴行业，从而创造了更多的就业机会和社会财富。

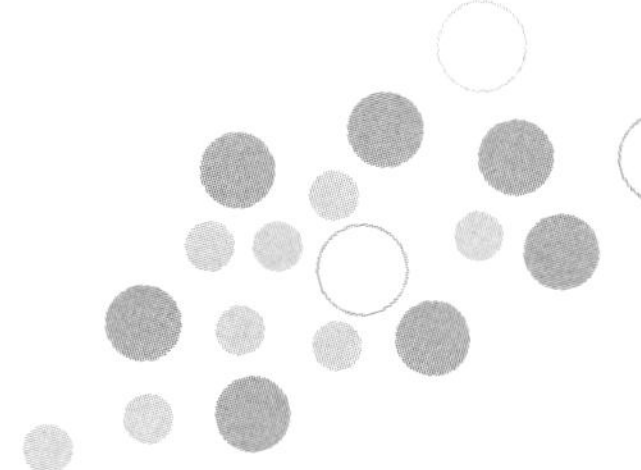

第二章　电子商务模式

第一节　电子商务系统的组成

电子商务作为一种新的商业模式，不受时间和空间的限制，可以在降低企业交易成本、提高商品流通效率、提高客户满意度、提高企业竞争力等方面发挥重要作用。目前随着我国电子商务技术和应用的飞速发展，电子商务应用遍布人们工作和生活的各个方面，延伸出了多种电子商务模式。

一、电子商务模式的概念

电子商务模式指在网络环境和大数据环境中利用一定的互联网技术开展的商务运作方式和盈利模式。研究和分析电子商务模式，不仅有助于挖掘新的电子商务模式，为电子商务模式创新提供途径，还有助于企业制定特定的电子商务策略。

二、电子商务模式的分类

（一）基于价值链的分类

基于电子商务价值链的整合，电子商务模式可分为电子商店、电子采购、电子拍卖、虚拟社区、协作平台、第三方市场、价值链整合商、价值链服务供应商、信息中介、信用服务和其他服务等。

（二）混合分类

电子商务模式可分为经纪商、广告商、信息中介商、销售商、制造商、合作附属商务模式、社区服务提供商、内容订阅服务提供商、效用服务提供商九大类。

（三）基于原模式的分类

电子商务的模式从本质上来说都是属于原模式的一种或是原模式的组合。电子商务的原模式有内容提供者、直接与顾客交易、全面服务提供者、中间商、共享基础设施、虚拟社区、企业/政府一体化等。

（四）基于新旧模式差异的分类

基于新旧模式的差异，电子商务模式可以分为移植模式和禀赋模式。移植模式是指那些在真实世界当中存在的，并被移植到网络环境中的商务模式；禀赋模式则是在网络环境中特有的商务模式。

（五）基于控制主题的分类

按照控制主体的不同，电子商务模式可以分为卖方控制模式、买方控制模式和第三方控制模式。这种分类在一定程度上反映了卖方、买方及第三方中介在市场交易过程中的地位，体现了各方对交易的控制程度。

（六）基于互联网商务功用的分类

基于互联网商务功用的不同，电子商务模式可划分为基于产品销售的商务模式、基于服务销售的商务模式和基于信息交付的商务模式。

（七）基于交易对象的分类

按照交易对象不同，电子商务模式可以分为 B2B（企业对企业）、B2C（企业对消费者）、C2C（消费者对消费者）、O2O（线上到线下）、B2G（商家对政府）、G2C（政府对公民）等。其中 B2B、B2C 两种模式在我国电子商务市场中处于核心地位。

下面以上海书城网上商城为例。

上海书城是一家大型综合书城，其每年图书的销售额在全国名列前茅，然而上海书城并不满足于此，而是充分利用互联网资源，为图书销售开辟了一片新天地。

上海书城的网上书店是国内比较大的网上书店之一，其提供 20 万册图书及音像制品的全天候查询、订购和在线安全支付服务。网上书店提供的商品共分为 26 个大类，涵盖了上海书城内所有的书籍、音像制品和电子出版物。通过易操作的图书分类方式，上网购书者能方便地浏览、找寻所需的资料。

上海书城网上书店对所有消费者开放，是一个真正的全天无休息的网上书城，消费者只需在自己的计算机上安装浏览器，就可逛上海书城网上书店，享受诸多便利。与亚马逊网上书店相同，上海书城网上书店在每个页面左上角显眼的位置放置了搜索引擎，提供图书的快速查询。除此之外，网上书店还提供了高级图书检索服务，消费者根据所需条件如书名、作者、关键词、价格、出版社和书号，进行图书的组合查询。

当然网上购书也留下了遗憾，在网上挑书通常只能看到书名或概要，不可能像在书店里那样翻看、精选。但是，繁忙的工作使越来越多的消费者难以花费大量的时间在书店中寻觅目标书籍。而网上书店可以每天 24 小时运作，随时恭候客户的光临，有效的搜索机制使客户可以从上万种图书中搜寻到自己感兴趣的书。

上海书城网上书店现已升级成综合购物网站：一城网。目前，一城网以图书类业务为主要业务，提供 60 余万种图书、音像制品的在线销售，同时还为客户提供了数千种以数码、家电、百货为主的百货产品购物服务。

第二节　B2B 电子商务模式

在电子商务交易中，B2B 电子商务是历史最久、发展最完善的电子商务模式，由于其能迅速带来利润和回报，一直居于电子商务的重要地位。1997 年，我国杭州诞生了第一家 B2B 电商平台“中国化工网”，随后经过长时间的探索与发展，我国 B2B 电子商务市场正逐渐向传统细分行业电子商务化、电子商务 B2B 在线交易及互联网金融等方向发展。

一、B2B 电子商务模式的概念

B2B（Business to Business）电子商务模式，也称企业对企业的电子商务模式，是指企业与企业之间通过互联网或者大数据等现代化信息技术手段进行数据信息的交换、传递，开展交易活动的商业模式。这种形式的电子商务活动是将企业内部网与企业的产品和服务，通过 B2B 网站或移动客户端与客户紧密结合在一起，通过互联网的快速反应，为客户提供更优质的服务，从而促进企业的业务发展。

二、B2B 电子商务模式的发展历程

从发展阶段来看，我国 B2B 电子商务发展过程可以划分为三个阶段：信息服务阶段、交易服务阶段、供应链整合阶段。

（一）信息服务阶段

信息服务阶段的 B2B 电商平台充分利用互联网的媒体属性，做企业介绍和产品信息展示，主要提供信息、广告和推广服务，撮合双方交易，收取会员费和广告费。但这种模式无法深入产业链环节，客户平台黏性差，未切入交易环节，停留在信息交换关系层面上。这一时期以综合平台为主，典型公司有阿里巴巴。

（二）交易服务阶段

2004 年，支付宝的横空出世直接推动了 B2C 电子商务的发展，培养了 C 端（用户）直接在网上进行交易的习惯，这个习惯向上延伸至 B 端（商人）。互联网支付集成、线下物流仓储集成及互联网搜索技术的飞速发展使 B2B 在线交易兴起，B2B 平台基本能完成在线看货、下单、支付、安排物流和签收等交易闭环。此时，B2B 平台最重要的价值是为入驻商家及其产品提供认证服务，建立信用体系，主要的盈利模式是会员费、佣金、广告费和服务费等。这一阶段出现了专门为某些行业服务的垂直 B2B 电子商务平台，如找钢网。

（三）供应链整合阶段

互联网技术如大数据、云计算、人工智能及物联网、区块链等技术进一步应用，使 B2B 电子商务平台能够构建超强的信用体系，能够为产业链上下游企业提供更深度、更高效的服务，这些上下游企业对平台的依赖更强。这个时期，B2B 电商平台在企业品牌推广和塑造、企业产品和服务形态的改造、商品的价格制定、

电子商务中的“四流”（信息流、物流、资金流和商流）等具有很大的话语权。此时 B2B 电商平台以提供增值服务为主要营收来源，突破了以会员费、广告费、佣金为主要盈利模式的瓶颈。

三、B2B 电子商务模式的特点

（一）交易对象相对固定

B2B 电子商务模式下的商品买卖双方一般为企业，他们不像普通消费者发生的交易行为那样随意、无序。买方在交易前会根据自己想买的商品准备购货款，制订购货计划，进行货源市场的调查和市场分析，寻找自己满意的商家；卖方则会根据自己的产品制作广告宣传和进行全面的市场调查、分析，确定各种销售策略和方式，寻找合作伙伴和交易机会。因此，企业间的商品交易一般较为固定，这种固定既体现了企业的专一性，也体现了企业间交易要求内在的稳定性。

（二）交易金额较大，企业成本较低

B2B 电子商务模式中企业与企业之间的交易一般是大额交易，如企业与供货商、企业与批发商之间的采购等。通过 B2B 电子商务网站，买卖双方能够在网上完成整个业务流程，从货比三家到讨价还价、签单、交货，B2B 网站使企业间的交易减少了许多事务性工作流程和管理费用，降低了企业经营成本，扩大了企业的利润空间。

（三）交易过程复杂但规范

企业间的电子商务一般涉及多个部门和不同层次的人员，如市场部、财务部及法务部等，因此买卖双方间的信息交换和沟通比较多，且对交易过程的控制、对合同格式要求比较规范和严谨，注重法律有效性。

（四）交易内容广泛

B2B 电子商务网站不只是一个交易平台，企业间电子商务活动的交易内容既可以是原材料，也可以是半成品或成品，甚至可以是行业资讯、项目外包、招商加盟及技术社区等，交易商品种类繁多，且不受网络交易的限制。

（五）增值服务

B2B 平台会为会员企业提供移动金融和企业增值服务，如平台企业认证、独立域名、行业数据分析报告、搜索引擎优化等，为其消除信息不对称，提供或增加营销渠道。这样可增加企业收益、降低运营成本。

四、B2B 电子商务的商业模式

（一）以贸易为主的综合 B2B 模式

以贸易为主的综合类 B2B 模式的电子商务网站是目前国内比较主流的一类，其服务领域基本涵盖了整个行业，在广泛的行业范围和众多的网站用户基础上都有自身强大的优势。国内主流的综合类 B2B 网站有以提供外贸线上服务为主的阿里巴巴、中国制造网，以提供内贸线下服务为主的慧聪网、环球资源，以小宗外贸服务为主的敦煌网。此类模式的企业所包含的行业覆盖面广、内容综合、服务泛而不精。

（二）以"行业 + 联盟"为主的综合 B2B 模式

中国电商联盟是中国专业化、系统化的诚信网络商务平台，是企业与企业、企业与消费者、消费者与消费者之间的商务诚信系统。以"行业 + 联盟"为主的综合 B2B 模式是以广大电子商务企业为主体，整合政府、企业和社会资源，利用电子商务最新信息技术、硬件设备、移动应用和营销模式对各行业 B2B 网站进行的资源整合，能为行业提供"既综合又专业"的 B2B 服务，典型代表有中国网库。

（三）以供求商机信息服务为主的行业 B2B 模式

生产环节的企业都需要大量采购原料和设备，网络只是起到快速获取产品信息、快速找到合适产品的作用，如五金、电子、化工、建材、纺织等。此类模式的企业所涉及的行业比较大，涉及企业数量较多，产品的品种繁多且标准化，能形成很大的市场，因此必须做好电话营销，典型代表有中国化工网。

（四）以招商加盟服务为主的行业 B2B 模式

产品直接面对消费者的企业，一般会找加盟商、代理商来销售商品，扩大产品销售渠道，如服装、家居、百货、食品、医药等品牌企业生产的产品，典型代表有中国服务网、中国医药网。此类模式的企业一般是以收取品牌的广告费、会员费来维持其运转，会员可在一级或二级栏目上为自己的品牌做广告，同时也可以在上面查看大量经销商的联系电话。此种模式在经营时一定要将网站的流量做大，尤其要关注网站的排名、访问量等可以量化的数据。

（五）以在线交易服务为主的行业 B2B 模式

以在线交易服务为主的 B2B 行业网站可以根据交易额的大小划分为两类：以小额在线批发交易服务为主和以提供大宗商品在线交易服务为主的网站。前者网站中的交易主体大多是零售商、贸易商和中小型企业，交易量和交易额均较小，如小商品、食品、家居用品等，典型代表有衣联网、全球速卖通等；后者网站中的交易产品价格变化较大，如石油、钢材、塑料、农产品等，产品较标准化，价格风险较大，典型代表有金银岛网交所、浙江塑料城网上交易市场等。此类模式的企业运营时必须建立好诚信机制，如支付的安全、买卖双方诚信审核等，可采用第三方合作伙伴来解决物流、资金流及诚信度审核的问题。

此外，还有以行业资讯服务为主的行业 B2B 门户模式，如纸业联讯；以项目外包服务为主的行业 B2B 模式，如软件项目交易网；以技术社区服务为主的行业 B2B 模式等。

五、B2B 电子商务的盈利模式

中国 B2B 电子商务平台的盈利模式较多，概括起来有以下五种。

（一）会员费

企业注册为平台类电子商务企业的会员，每年交一定的会员费，可以享受建立商铺、发布企业资料、展示产品、了解商品信息及各类线下增值服务，其交易不需缴纳佣金。相对于免费会员，收费会员的服务具有许多优势，如付费用户发布信息的数量、生动性及搜索排名优于免费用户；享受付费服务的用户能够无限制地查阅买家信息等。

（二）佣金

企业通过电子商务平台参与电子商务交易，必须注册为平台类电子商务企业的会员，每年不需要缴纳会员费，就可以享受网站提供的服务，但在买卖双方交易成功后，电子商务平台会收取一定佣金。

（三）广告费

网络广告是门户网站的盈利来源之一，同时也是B2B电子商务平台的收入来源。比较典型的广告类型有弹出广告、漂浮广告等。B2B平台将网站上有价值的位置用于放置各类型广告，根据网站流量和网站人群精度标定广告位价格，然后再通过各种形式向商家出售。

（四）竞价排名

竞价排名是指搜索关键词排名服务，与公众搜索引擎的服务类似，卖家在一定的时间内对产品关键词进行竞价，价格越高，用户搜索该关键词的卖家产品信息越靠前。排名处于搜索结果前列的卖家往往具有更多的点击，并可能带来更多成交的机会。

（五）交易费

平台类电子商务企业通过在线交易，将人工与互联网技术有机结合，将信息流、订单流、物流、资金流通过B2B平台整合实现。平台企业可以通过撮合交易收取服务费、通过自营交易业务获取折扣和差价、通过供应链管理收取相关服务费等。

六、B2B电子商务模式的发展趋势

从B2B电子商务发展来看，B2B电子商务的发展呈现出以下趋势。

（一）B2B向交付闭环转变

B2B电子商务逐步实现从“交易闭环”向“交付闭环”转变，B2B平台的供应链服务价值存在于电子商务“四流”之中，增值服务成为公司主要收入来源，突破了先前以会员费、广告费、佣金为主要盈利模式的瓶颈。

（二）B2B 供应链金融成为撬动 B2B 交易创新支点

当前，B2B 供应链金融逐渐成为撬动 B2B 交易创新的支点。供应链金融以电商平台为中心，以真实存在的贸易为依托，通过资金流撬动交易，借交易集成各类仓储加工服务，由综合服务形成数据；再由数据打造低成本风控系统，继而返回支撑降低资金成本，形成交易规模滚动式增长的产业链闭环。

（三）B2B 线上线下融合发展趋势明显

由于企业采购和消费者的决策方式不同，以至于影响到 B2B 企业的营销模式不能完全复制 B2C 电子商务企业，但从影响主体看，二者影响的都是“人”，所以在营销模式上二者又有相同的地方。围绕线上线下，移动端和 PC 端展开的跨渠道、多触点，随时随地无缝衔接的营销模式将成为 B2B 企业宣传的新趋势。

第三节　B2C 电子商务模式

一、B2C 电子商务的概念

B2C（Business to Customer）电子商务模式，指的是企业与消费者之间进行的商务活动。这种形式的电子商务直接以网络零售业为主，即直接面向消费者销售产品和服务。B2C 模式是我国最早产生的电子商务模式，以 8848 网上商城正式运营为标志。近年来，随着互联网的发展，B2C 电子商务模式的发展十分迅速，是未来电子商务发展的方向，也是电子商务发展的一个重点和难点。

二、B2C 电子商务的特点

（一）用户群数量巨大

B2C 电子商务网站购物没有任何时间、地点的限制，只要用户在需要的时间进入网站，就可以挑选自己需要的商品。因此，世界各地的每一位消费者都可以成为 B2C 网站商家的客户。

（二）交易成本低

传统购物由于信息的不通畅，消费者很难知道其他商店的商品状况和价格。而在 B2C 网站中，消费者足不出户就能进行购物，节约了时间，并且可以轻而易举地查询到多家网上商店的相同商品的状况和价格，充分实现了信息对称性，通过货比三家，买到性价比高的商品。此外，卖家通过网上开店，可减少在租赁商铺、装修卖场及配置货架等方面的费用，大大降低了开店成本，同时也降低了商品的成本。

（三）交易频繁

B2C 网站的 C 端用户消费较感性、冲动，其购买欲望都是由自己的喜好来决定，消费需求变动性较大，对优惠券、折扣等优惠敏感，购买商品没有特定种类，小额重复消费较多。商家可以通过多做节日促销活动和广告等来刺激用户消费，增强客户黏性。

（四）个性化服务

传统线下企业提供的是面向广大消费者的大众化服务，任何客户的特殊需求都必须服从于企业所能提供的有限商品与服务，难以满足消费者的个性需求。而 B2C 电子商务网站可以利用互联网的实时通信，24 小时对每一位顾客的需求作出积极响应，同时将订单传输至生产厂商，不仅缩短了供货时间，还满足了顾客的各种特殊需求，实现个性化服务。

三、B2C 电子商务经营模式

（一）平台模式

平台模式是指企业提供交易平台，品牌商家进驻平台，用户在平台上通过搜索商品或进入目标品牌店铺选择商品进行消费，这是最典型的 B2C 电商运营模式，典型代表有天猫。2018 年天猫明确以新零售战略为核心，以品牌数字化转型和消费升级为驱动，实现组织架构进一步升级。

（二）社交模式

社交模式是指借助微信社交红利快速传播，B2C 电商平台涉足社交模式主要在微信端上线小程序或推出拼团频道，通过微信端裂变式传播。此模式产品发展优势在于利用用户社交关系能实现裂变传播，降低了获客成本；同时在社交工具上培养用户电商使用习惯；也能有效刺激用户消费需求。

（三）特卖模式

特卖模式是指平台在供给端为品牌商提供连贯的库存解决方案，在需求端用低价好物提供特卖商品，以唯品会为典型代表。2018 年唯品会继续聚焦特卖战略，发力特卖升级，从聚焦商业模式向聚焦价值赋能发展，从供给和需求两端更好地满足了品牌商家和消费者。此种模式主要针对商品质量及价格关注度较高的目标用户，而该部分人群恰恰是目前消费的主流人群。

（四）优选模式

优选模式是指消费升级风潮下出现的新的电商运营模式，直接对接品牌制造商供应商品，以优质、高性价比产品吸引用户，典型代表有网易严选，其开创了独立的电商运营模式，主打品质商品和生活的理念迎合消费潮流，主要针对目标是高净值用户人群。优选模式是 B2C 电商发展的重要方向。

四、B2C 电子商务盈利模式

（一）会员费

大多数电子商务平台都会采取会员制，收取会员费是 B2C 电子商务网站一种主要的盈利模式。B2C 网站会根据不同的方式及服务的范围收取会员费用，会员数量也在一定程度上决定了网站通过会员最终获得的收益。

（二）广告费

网络广告盈利不仅是互联网经济的常规收益模式，也几乎是所有电子商务企业的主要盈利来源。B2C 电子商务网站通过提供弹出广告、漂浮广告、文字广告等多种表现形式吸引顾客的注意力，使消费者进入企业销售平台进行浏览采购。

相对于传统媒体来说，在B2C电子商务网站上投放广告具有独特的优势。一方面，广告投放效率较高，投放成本与实际点击效果直接关连；另一方面，B2C电子商务网站可以充分利用网站自身提供的产品或服务的不同来划分消费群体，对广告主的吸引力也很大。

（三）服务年费

除了按商品价格付费外，B2C电子商务平台一般还会向入驻的商家收取技术服务年费，如天猫，商家经营网上商店必须交纳年费。但为鼓励商家提高服务质量和壮大经营规模，B2C电子商务平台对技术服务费会有条件地向商家实施返还，商家服务越好，能拿到的平台优惠就越多。

（四）特许加盟费

特许经营是指根据契约，特许人向受许人提供一种独特的商业经营特许权，并给予人员训练、组织结构、经营管理、商品采购等方面的指导和帮助，受许人向特许人支付相应的费用。B2C电子商务网站向入驻商家收取加盟费，一方面可以迅速扩大平台规模；另一方面可以扩大自身收益，典型代表有当当网。

（五）薄利多销

企业B2C网站的商品与服务交易收入是大多数企业B2C业务的主要盈利来源，是现阶段最主要的B2C电子商务盈利模式之一。网站通过低价格吸引消费者注意，可大大刺激消费者的购买欲望，增加销售收入，如拼多多、淘宝聚划算。

五、B2C电子商务的发展趋势

（一）B2C仍是电商行业主流，品牌背书重要性将更突出

目前电商行业发展进入成熟期，电商平台综合服务能力愈加突出，B2C电商能从平台品控、物流配送等方面更好地服务用户，未来其作为电商行业主流的趋势仍将持续。而消费者对品质的追求越发明显，B2C电商平台自身及平台商品的品牌背书能力更受用户重视，品牌背书能力的提升也成为平台重要的发展方向。

（二）B2C 电商运营模式多样化发展，紧抓消费主流，特卖模式发展空间大

随着线上获客成本不断提高，B2C 电商平台纷纷创新运营模式，多种玩法及针对不同类型人群的运营模式相继出现。而针对主流消费者消费需求的变化，能满足用户对优质、高性价比商品消费需求的运营模式，未来也有较大发展市场。能否针对主流消费者进一步提升服务及商品质量也成为平台竞争的重点。

（三）平台发展渗透垂直领域，产品细分化趋势愈加明显

物流配送服务的提升使 B2C 电商平台有能力渗透到更多细分领域，而对不同垂直领域商品的覆盖也使用户的个性化需求可以得到更好的满足。未来 B2C 电商行业产品细分化的趋势会更加明显，更多垂直电商平台会出现，而综合 B2C 电商平台也会利用自身资源优势渗透各领域。

（四）线下场景成争夺重点，各平台继续加强布局新零售

无论是阿里对饿了么的收购，还是各 B2C 电商平台纷纷推出线下门店和提高配送效率，都显示出新零售业务的竞争趋向激烈，线下场景也成为竞争重点。新零售业务的发展是电商平台拓展线下流量、降低获客成本的关键，同时也是提升消费者体验的关键一环，未来各平台围绕新零售的布局将不断加强。

（五）结合本地化仓储提升物流效率，B2C 电商发展将更进一步

各平台为解决最后三公里的配送问题，对于仓储物流布局继续加强，未来结合本地化仓储的模式将会更加明显。通过本地化配送服务支撑，远程物流的效率也将得到很大程度的提升，随着物流配送效率的提高，未来 B2C 电商行业仍会有巨大的发展空间。

（六）提升高净值用户体验，平台会员服务打造升级

现阶段 B2C 电商平台纷纷推出会员服务，通过会员制度平台能有效筛选高净值用户，针对该部分人群的各项会员权益能有效提升其体验感，进一步增强平台高净值用户的黏性。同时随着人们付费观念普及，未来平台可以针对不同人群推出分级会员服务，以进一步提升用户体验。

第四节 C2C 电子商务模式

随着互联网在人们的日常生活中扮演的角色越来越重要，越来越多人利用互联网展开各种活动，其中就包括在网上进行商品交易。在此背景下，C2C 电子商务模式应运而生。

一、C2C 电子商务模式概念

C2C（Customer to Customer），即消费者与消费者之间的交易模式，主要是借助第三方电子商务平台来完成的“个人对个人”的交易活动。因此，可以说，在 C2C 电子商务模式中，电子平台供应商是至关重要的一个角色，它直接影响这个商务模式存在的前提和基础。

二、C2C 电子商务模式的特点

（一）参与者多且身份复杂

由于 C2C 电子商务平台是对所有消费者开放的，几乎任何人都可以免费注册成为网站的用户，因此 C2C 电商平台可以将大量的买家与卖家联系起来。有不少用户的身份是双重的，不仅是卖家也是买家，身份较为复杂。此外，在 C2C 电商平台上开店的用户有些并不以赚钱为目的，而只是为了出售一些自己已经不需要的东西，甚至有些将其作为一个交友平台，因此不具有规范性。

（二）产品质量参差不齐

由于 C2C 电商平台参与者众多，自然就存在较多的待出售商品，例如衣服、鞋帽、化妆品、家电、玩具等，人们虽可以通过交易平台享受来自各地的特色产品，但也面临产品质量参差不齐的问题。因为这些产品既可能是全新的，也可能是二手的；既可能是正品，也可能是仿冒，需要消费者仔细去比对、确认，可能会承担一部分消费风险。

（三）交易频繁

由于 C2C 电子商务中参加交易的双方往往是个人，其购买的物品往往又都是单件或者是少量的，因此其每次交易的成交额较小，相应的交易次数就会较多。

三、C2C 电子商务运营模式

（一）拍卖模式

拍卖模式主要是指 C2C 电子商务企业为买卖双方提供一个网络拍卖平台，按比例收取交易费用的模式。电子拍卖是传统拍卖形式的在线形式，卖方可以借助网上拍卖平台运用多媒体技术来展示自己的商品，这样就可以免除传统拍卖中实物的移动；竞拍方也可以借助网络，足不出户参与网上拍卖。

（二）店铺模式

店铺模式主要是指电子商务企业为个人提供开设网上商店的平台，以会员制、广告或其他服务项目来收取费用的模式。个人在网上商城开设网上商店不仅依托网上商城的基本功能和服务，而且顾客也主要是该商城的访问者，因此，平台的选择非常重要。不同网上商城的功能、服务、操作方式和管理水平相差较大。

四、C2C 电子商务盈利模式

（一）会员费

会员费是指 C2C 网站为会员提供网上店铺出租、公司认证、产品信息推荐等多种服务组合而收取的费用。由于提供的是多种服务的有效组合，比较能适应会员的需求，因此这种模式的收费比较稳定，一年一交费，不续费的会员将恢复为普通会员，不再享受多种服务。

（二）交易提成

交易提成是 C2C 网站的主要利润来源，因为 C2C 网站类似于现实中的“跳蚤市场”，它为交易双方提供机会，从交易中收取提成是其市场本性的体现。

（三）广告费

企业将网站上有价值的位置用于放置各类型的广告，根据网站流量和网站人群精度标定广告位价格，然后再通过各种形式向客户出售。但是此种模式对 C2C 网站平台的要求较高，因为平台需要具有充足的访问量和用户黏性才能保证较大获利。

（四）搜索排名竞价

C2C 网站商品的丰富性决定了购买者搜索行为的频繁性，搜索的大量应用就决定了商品信息在搜索结果中排名的重要性，由此便引出了根据搜索关键字竞价的业务。用户可以为某关键字提出自己认为合适的价格，最终由出价最高者竞得，在有效时间内该用户的商品可获得竞得的排位。

（五）支付环节收费

支付宝的应用在一定程度上促进了网上在线支付业务的发展，买家可以先把预付款打到支付公司的专用账户，待收到卖家发出的货物后，再通知支付公司把货款打入到卖家账户，这样买家不用担心收不到货还要付款，卖家也不用担心发了货而收不到款，而支付公司就按成交额的一定比例收取手续费。

五、C2C 电子商务的发展趋势

C2C 电子商务模式使参与交易活动的消费者人数、空间范围扩大，带来了最实际的“一手交钱，一手交货”的交易，但其存在的交易市场混乱、产品质量无法把控等问题同样无法忽视。

网络购物发展早期，由于市场的信任机制和管理机制尚不完善，线下实体厂商触网动力不强，网络购物的销售方主要以小型代理商或者个人店铺为主。随着网络购物市场的日益成熟，产品品质和服务水平逐渐成为影响用户消费决策的重要原因。相较于 C2C 电子商务模式，B2C 在商品质量、服务保障等方面的优势愈加凸显，未来势必将逐渐占据电子商务零售市场的主导地位。

第五节　其他电子商务模式

一、B2G 模式

B2G（Business to Government）即商家对政府，是指企业与政府之间通过网络进行交易活动的运作模式。比较典型的例子是网上采购，即政府机构在网上进行产品、服务的招标和采购，降低了政府招标和企业投标费用。

二、G2C 模式

G2C（Government to Citizen）是指政府通过电子网络系统为公民提供的各种服务，是电子政务的主要内容，也是电子政务发展到高级阶段的核心。这种模式的服务对象是社会公众，特别是公众个人，主要业务范围包括就业服务、电子医疗服务、教育培训服务、社会保险网络服务、交通管理服务等。

三、B2B2C 模式

B2B2C 是一种电子商务类型的网络购物商业模式，第一个 B 指商品或服务的供应商，第二个 B 指从事电子商务的企业，C 则表示消费者。B2B2C 源于目前的 B2B、B2C 模式的演变和完善，把 B2C 和 B2B 完美地结合起来，通过 B2B2C 模式的电子商务企业可以构建自己的物流供应链系统，提供统一的服务。该模式颠覆了传统的电子商务模式，将企业与单个客户的不同需求完全地整合在一个平台上。

B2B2C 把“供应商—生产商—经销商—消费者”各个产业链紧密连接在一起。整个供应链是一个从创造增值到价值变现的过程，把从生产、分销到终端零售的资源进行全面整合，不仅大大增强了商家的服务能力，更有利于客户获得增加价值的机会。该模式将帮助商家直接充当卖方角色，把商家直接推到与消费者面对面的前台，让生产商获得更多的利润，使更多的资金投入到技术和产品创新上，最终让广大消费者获益。

四、F2C 模式

F2C（Factory to Customer）即工厂到消费者，是一种全新的现代化商业模式。在 F2C 模式下，交易双方只有生产者和消费者，辅助以电子货币完成资金支付，物流完成实物递送。F2C 模式可以分为两类：一类是自营类的 F2C 电商，如网易严选、淘宝心选；另一类是开放平台类的 F2C 电商，如网易考拉工厂店、拼工厂。F2C 平台的销售方是厂商，厂商直销可以保证信誉、产品质量和售后的问题，因为厂家作为一个大规模的品牌商，所销售的产品不存在假冒伪劣产品，并且在价格上还具有一定的吸引力。

五、C2M 模式

C2M（Customer to Manufacturer）即用户直连制造商，是一种新型的工业互联网电子商务的商业模式，又被称为“短路经济”，是指平台通过消费大数据分析或消费者定制订单精准把握消费需求，确定产品定位，引导制造商的研发、设计、生产及库存安排，以提供更能满足消费者个性化、定制化需求的高品质商品。

C2M 模式是在工业互联网背景下产生的，是指现代制造业中由用户驱动生产的反向生产模式。基于互联网、大数据、人工智能，以及通过生产线的自动化、定制化、节能化、柔性化，运用庞大的计算机系统随时进行数据交换，按照客户的产品订单要求，设定供应商和生产工序，最终生产出个性化产品的工业化定制模式。

六、ODM 模式

ODM（Original Design Manufacturer）即原始设计商，是指平台直接与精选出的大牌制造商对接，制造商负责设计与生产，ODM 平台负责采购、品控、物流、销售及售后等环节，并将消费大数据反馈给制造商，以调整、优化生产制造。ODM 模式有利于加强对上游产品品质和成本的控制，将品牌溢价及中间流通环节产生的费用让渡给消费者及制造商，使消费者能够买到更物美价廉的商品。

七、ABC 模式

ABC 模式是新型电子商务模式的一种，ABC 分别指代理商（Agent）、商家（Business）、消费者（Customer），被誉为继阿里巴巴 B2B 模式、京东商城 B2C 模式、淘宝 C2C 模式之后电子商务界的第四大模式。这种模式是由代理商、商家和消费者共同搭建的集生产、经营、消费为一体的电子商务平台，大家都是这个平台的主人，生产者、消费者、经营者、合作者、管理者，大家相互服务，相互支持，相互之间可以转化，你中有我，我中有你，真正形成了一个利益共同体，资源共享，产销共生。

八、P2P 模式

P2P 可以指 Peer to Peer（贸易伙伴对贸易伙伴）、Point to Point（点对点）、Person to Person（人对人）、Path to Path（渠道对渠道），是借助中国大型电子商务平台，由覆盖全国的商贸服务体系各成员整合本地上游企业产品供应资源和本地下游经销代理商买方资源为基础，在业务资讯和业务拓展过程中形成一点对多点、多点对一点的互动支持，打造产品资源共享，业务拓展互动的模式。

九、B2M 模式

B2M（Business to Marketing），指为企业提供网络营销托管 NMTC（Network Marketing Trusteeship Council）的电子商务服务商。相对于 B2B、B2C 等电子商务模式，B2M 注重的是网络营销市场，注重的是企业网络营销渠道的建立，是针对企业网络市场营销而建立的电子商务平台，通过接触市场、选择市场、开发市场，而不断地扩大对目标市场的影响力，从而实现销售增长、市场占有，通过网络为企业找到新经济增长点。

B2M 模式的执行方式是以建立引导客户需求为核心的站点为前提，通过线上或者线下多种营销渠道对站点进行广泛的推广，并对营销站点进行规范化的导购管理，从而实现电子商务渠道对企业营销任务的贡献。

十、M2C 模式

M2C（Manufacturer to Customer）即生产厂家对消费者，是指生产厂家直接对消费者提供自己生产的产品或服务的一种商业模式，特点是流通环节减少至一对一，销售成本降低，从而保障了产品品质和售后服务质量。

M2C 是 B2M 的延伸，也是 B2M 这个新型电子商务模式中不可缺少的一个后续发展环节。经理人最终还是要将产品销售给最终消费者，而这里面也有很大一部分是要通过电子商务的形式实现，类似于 C2C，但又不完全一样。C2C 是传统的盈利模式，赚取的利润点就是商品进出价的差价。M2C 则是生产厂家通过网络平台发布该企业的产品或者服务，消费者通过支付费用获得自己想要的商品。

十一、BAB 模式

BAB（Business Agent Business）是在 B2B 的基础上，依靠有信誉的平台方（Agent）提供智能推荐、精准匹配、流程优化、成果保障、数据跟踪等全方位的交易撮合与保障服务，目的是打造出一个诚信、高效的电子商务环境，这一模式的本质是解决企业间的信任与匹配问题。

B2B、C2C 模式解决了企业、个人之间利用电子信息技术从事商务活动的直接关系，解决了远程采购难的问题，降低了展销成本，但企业无法利用 B2B、C2C 模式更大程度地降低资源流通成本和提升有保障的商贸环境问题；而 BAB 商业模式将 B2B、B2C 分块电子商务集结成完整的商业体系，实现了商品数字化的安全交易。

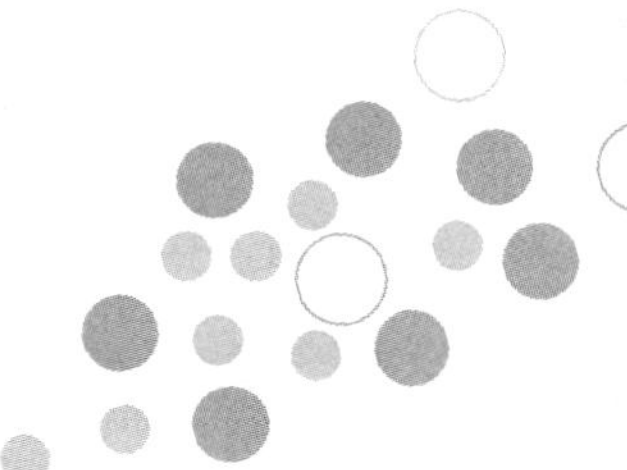

第三章　电子商务的实现技术

第一节　计算机网络技术

计算机网络就是利用通信线路连接起来的计算机集合，它的基本功能是互相交换信息，共享网络资源。计算机网络技术的发展大大促进了电子商务的兴起，是其茁壮成长的基石。

一、计算机网络概述

计算机网络是计算机技术与通信技术相结合的产物,是信息社会的基础设施。计算机网络已经并且将继续改变人们生活、学习和工作的方式。

（一）计算机网络的定义

人们对计算机网络的定义与理解是随着计算机网络的发展阶段的不同而变化的，同时也反映出人们对计算机网络的认知程度，以及计算机网络技术的发展水平都在不断提高。

计算机网络是将地理位置不同且具有独立功能的多个计算机系统通过通信线路和通信设备相互连接在一起,由网络管理软件和网络通信协议进行管理和协调,以实现资源共享和信息传递的系统。

从计算机网络的定义不难看出，计算机网络是以实现资源共享为目的，并且各计算机之间的通信过程必须遵循彼此约定的网络协议。

（二）计算机网络的功能

随着计算机网络的不断发展，以及网络规模的不断壮大，计算机网络的功能也越来越强大，其主要功能包括以下 4 点。

1. 数据通信

数据通信包括网络用户之间、各处理器之间、用户与处理器之间的数据通信。传输的内容包括文本、声音、图像和视频等多媒体数据。传输速率随着网络技术和网络基础设施的不断发展而越来越快。

2. 资源共享

资源共享是计算机网络的基本功能之一。其共享的资源包括硬件资源、软件资源和信息资源，如处理器、大容量存储器、打印机、应用软件，以及数据库中的信息等。

3. 分布计算

分布计算是指对于大型任务，当网络中某个节点的性能不满足要求时，可采取合适的算法将任务分散到网络中的其他计算机上进行分布式处理，来共同完成任务的计算机模式，如网格计算，它通过网络连接各类计算机、数据库和各类设备等，建立对用户相对透明的虚拟的高性能计算环境，它被定义为一个广域范围的“无缝的集成和协同计算环境”。

4. 负载平衡

负载平衡是指当网络的某个或者某些节点负载过重时，由网络的其他较为空闲的计算机通过协同操作和并行处理等方式来分担负载。例如，对于一个用户访问量非常大的热点网站，当它的单台服务器不能满足用户的访问需求时，可以用多台服务器构成一个服务器集群来保证负载平衡，为用户提供更好、更有效的服务。

（三）计算机网络的组成

计算机网络由网络硬件和网络软件组成。其中，网络硬件包括计算机系统、传输介质和网络设备，网络软件包括网络协议和通信软件、网络操作系统、网络管理软件、网络应用软件。

1. 网络硬件

（1）计算机系统

计算机系统包括网络服务器和网络工作站，其是网络的主要资源。服务器的配置一般都比较高，其运行速度较快，功能较强，可以是微机、小型机，甚至是中型机。它主要为整个网络服务，而且是不间断的服务，且必须长时间运行。网络工作站就是供网络用户使用网络的本地计算机，其配置一般比服务器低，通常为一台普通微机。用户可通过网络工作站，利用网络访问网络服务器上的资源。

（2）传输介质

传输介质是指计算机网络中用来连接各个计算机和网络设备的物理介质，分为有线传输介质和无线传输介质。有线传输介质包括同轴电缆、双绞线和光纤；无线传输介质包括无线电波、微波、红外线和激光。

（3）网络设备

网络设备是指在计算机网络中起连接和转换作用的一些部件，如调制解调器、网卡、交换机、路由器、网关等。

2. 网络软件

（1）网络协议和通信软件

通过网络协议和通信软件可实现网络通信，如 TCP / IP 协议、IPX / SPX 协议等。

（2）网络操作系统

网络操作系统是最主要的网络系统软件，用以实现系统资源共享，并管理用户的应用程序对不同资源的访问，如 Windows Server 2003、UNIX、Linux、Net Ware 等。

（3）网络管理软件

网络管理软件是用来对网络资源进行监控管理、对网络进行维护的软件，如 HP Open View、IBM Tivoli Net view、Sun Net Manager、Cabletron Spectrum 等。

（4）网络应用软件

网络应用软件是为用户提供网络应用服务的软件，如IE浏览器、QQ、MSN等。

（四）计算机网络体系结构

计算机网络体系结构描述了计算机通信过程中使用的机制和协议的基本设计原则，这些原则用以确保网络中实际使用的协议和算法的一致性和连续性，并为产品的开发和使用提供统一的标准。

1. OSI 参考模型

开放式系统互联 / 参考模型（OSI / RM）是 1985 年由国际标准化组织正式提出的一种 7 层协议体系结构，该模型是一个理论模型。

OSI 参考模型中的 7 层分别是物理层、数据链路层、网络层、传输层、会话层、表示层和应用层，并且每层都有各自的功能。

（1）物理层

在数据终端设备（DTE）和数据通信设备（DCE）之间建立物理连接，完成相邻节点原始比特流的传输，并且实现对传输链路的建立、保持、释放等操作。

（2）数据链路层

通过在传输过程中为数据提供确认、差错控制和流量控制机制，来完成相邻节点之间数据帧的可靠传输。

（3）网络层

通过网络传输数据分组，来完成两个主机之间的报文传输，同时，其还负责路由选择和拥塞控制。

（4）传输层

在两个主机的不同进程之间提供可靠的、透明的数据传输，以及端到端的差错控制和流量控制。

（5）会话层

在传输层连接的基础上，负责在用户之间建立会话连接并进行数据交换管理，并允许数据进行单工、半双工和全双工的传送。

（6）表示层

表示层的主要功能是处理两个通信系统中交换信息的表达方式，主要包括数据格式转换、数据加密和解密、数据压缩和解压缩。

（7）应用层

利用网络的各种接口和应用层协议，为 OSI 环境的用户提供应用服务，如域名服务、文件传输、电子邮件、虚拟终端和网络管理等。

2. TCP / IP 协议

传输控制协议 / 网际协议（TCP / IP）是在网络使用中的最基本的通信协议。TCP 和 IP 是 Internet 中最重要的两个协议，但人们常提到的 TCP / IP 并不仅指 TCP 和 IP 这两个协议，还表示 Internet 所使用的体系结构或者指 TCP / IP 协议簇。

随着 Internet 的飞速发展，TCP / IP 协议不断成熟并成为公认的国际标准。TCP / IP 协议共分 4 层，即网络接口层、网际层、传输层和应用层。

（1）网络接口层

负责通过低层物理网发送和接收 IP 数据报，并交给网际层。

（2）网际层

负责把传输层产生的报文段或者用户数据报封装成分组或者包（1P 数据包），为需要转发的数据选择发送路径，从而为分组交换网上的不同主机提供通信服务。

（3）传输层

负责为两个主机间的通信提供更可靠的端到端的数据传输服务，并实现数据共享。

（4）应用层

利用该层包含的网络应用协议，向用户提供常用的网络服务程序，如文件传输、远程登录等。

二、电子商务网络环境

电子商务的产生与发展都离不开网络。随着电子商务在各行各业的应用，电子商务的网络环境也产生了变化。企业为了方便内部员工之间的沟通，以及合作伙伴之间的交流，在互联网（Internet）的基础之上，构建了企业内部网（Intranet）与企业外部网（Extranet）。

（一）Internet

Internet 是世界上规模最大的计算机互联网络，任何一台计算机或网络，只要遵从 TCP / IP 协议就可以相互连接起来，成为 Internet 的一部分。

1. Internet 的产生

Internet 起源于 20 世纪 60 年代，美国国防部高级研究计划局组建的 ARPANET（Advanced Research Projects Agency Network）。ARPANET 是为了避免计算机网络中的某一部分受战争攻击损坏而影响网络中其他部分的正常工作而构建的。

20 世纪 70 年代，美国国防部又设计出可以在计算机网络之间实现通信的 TCP / IP 协议，并公开了其所有的网络规范和相关技术，使得 TCP / IP 协议得到了广泛的支持和迅速的推广，并逐渐成为公认的国际标准协议。

从 1983 年开始，互联网的规模基本上以逐年翻一番的速度扩大，从开始只有约20台相互连接的计算机发展到目前全球已有数十亿台计算机与互联网相连，并从美国走向世界，逐步形成一个覆盖全球的大网络。

2. Internet 的应用服务

Internet是为不同地理位置上的联网计算机用户提供服务的计算机通信网络。Internet 用户提供的应用服务主要包括以下几个方面：

（1）全球资源检索服务

万维网（WWW）也可简称为 Web，它是把遍布全球的 Web 服务集合在一起，利用超文本传输协议（HTTP）为用户提供各种信息资源的查询服务，这些信息资源可以是文本、图像、影视和声音等多媒体信息。

（2）电子邮件服务

电子邮件（E-mail）服务是指通过 Internet，利用简单邮件传输协议（SMTP）为用户提供互换电子信件的通信服务。电子邮件中可加载的信件内容包括文本、音频、视频和图片等。

（3）文件传输服务

文件传输服务是指连入 Internet 的用户利用文件传输协议（FTP）实现文件的上传或下载的一种通信服务，是 Internet 最早提供的功能服务，也是网络功能的重要组成部分。

（4）远程登录服务

远程登录服务是连入 Internet 的网络用户之间利用远程登录协议（Telnet）实现通信与信息共享的重要方式。Telnet 是 Internet 远程登录服务的一个协议，该协议定义了远程登录用户与服务器交互的方式。Telnet 允许用户在一台联网的计算机上登录到一个远程计算机系统中，然后像使用自己的计算机一样使用该远程系统。

（5）电子公告板服务

电子公告板（BBS）是 Internet 上最常用的服务之一。只要用户通过某种连接手段（如远程登录）与提供电子公告板服务的主机相连，即可阅读 BBS 上公布的任何信息，用户也可以在 BBS 上发布自己的信息供别人阅读。

（6）电子商务应用服务

电子商务应用服务主要包括三种：市场电子商务、企业电子商务和社会电子商务。市场电子商务是指以市场为交易中心的商务活动，包括促成交易实现的各种商务活动，其中网络营销是最重要的网上商务活动；企业电子商务是指利用互联网重组企业内部经营管理活动，并与企业开展的电子商贸活动保持协调一致，最典型的是供应链管理；社会电子商务是指整个社会经济活动都以互联网为基础，如电子政务，它包括政府利用互联网处理政府事务、进行招投标实现政府采购，以及网络缴税费等。

（二）Intranet

Intranet 采用了 Internet 的技术，但它不同于国际互联的 Internet，它是一种企业的“内部网”，近几年来日益得到广泛的应用。Intranet 可以搭载于互联网，但它只用于企业内部相互传递信息。

1. Intranet 的定义

Intranet 是指采用 Internet 技术（软件、服务和工具），以 TCP / IP 协议作为基础，以 Web 作为核心应用，服务于企业内部事务，将企业内部作业电子化，以实现企业内部资源共享的网络。

Intranet 最大的特点是它是一个独立的网络系统，只对企业内部员工开放，任何非授权的企业外部用户都无法访问 Intranet。

2. Intranet 的基本结构

Intranet 由服务器、客户机、物理网和防火墙四个部分组成，其中常见的服务器有 Web 服务器、数据库服务器、E-mail 服务器等。

（1）服务器

Intranet 的核心系统是 Web 服务器，用于存储和管理主页，提供 Web 服务；数据库服务器存储着企业大量的信息；E-mail 服务器用于管理用户邮箱，并存储大量收发的邮件数据。

（2）防火墙

防火墙是为了企业内部信息的安全而设置的。Web 服务器通过防火墙与 Internet 相连，E-mail 服务器既可以通过防火墙与 Internet 相连，也可以直接和 Internet 相连。

（3）客户机

客户机安装浏览器及其他网络应用软件，以实现网络资源的访问。

3. Intranet 的功能

Intranet 已经成为连接企业内部各部门，并与外界交流信息的重要基础设施，它使企业的信息管理进入更高阶段。在市场经济和信息社会中，企业要增强对市场变化的适应能力，提高管理效益，就必须将 Intranet 技术引入企业管理中。一般来说，Intranet 具有以下功能。

（1）发布企业内部信息

通过 Intranet，企业可以实时向员工发布企业的最新动态以及发展规划，以调动员工的工作热情，提高其对企业的忠诚度。

（2）充分利用数据资源

企业各级员工均可通过 Intranet 访问企业内部数据库，了解企业各项资源的利用情况，以及企业的财务收支，实现企业的透明化运作。

（3）辅助企业决策

企业内部员工能够利用 Intranet 向企业高层管理者提出建议，帮助企业决策。同时，企业高层管理者也能够随时随地利用 Intranet 了解企业产品动态，及时调整发展策略。

（4）协同工作

企业可以通过 Intranet 快速有效地交流信息，从而增强企业内部的通信能力，提高部门之间的协作效率。Intranet 还可以为在不同地点的同一项目组的人员提供通信、讨论和共享成果的平台，这对于在不同地点都具有分支结构的大型企业来说，显得尤为重要。

（三）Extranet

在当今数字化时代，企业为了生存与发展需要与供应链上下游合作企业之间保持实时通信与信息资源共享，同时又要避免竞争企业的“侵入”。此时，Intranet 显然已经满足不了企业的这种需求，于是 Extranet 应运而生。

1. Extranet 的概念

Extranet 是企业与其合作伙伴之间的管理信息系统网络，是 Intranet 的一种延伸，它把企业和供应链上下游合作伙伴有机地联系在一起，它还可以通过 Internet 或公司 Intranet 更新企业的数据库。

Extranet 并不局限于一个企业的内部，而是把相互合作的企业连接在了一起。在 Extranet 内部，各企业可以自由地加入 Web 中，很方便地查询其他企业与自己相关的数据。同时，Extranet 又隔离了外部的非法访问，从而保护了 Extranet 内部各企业数据的安全性。

2. Extranet 的功能

Extranet 采用 Internet 技术，应用成本低，并且可以把网络连到全球的每个角落，这使得 Extranet 可以成为电子商务的重要媒介。Extranet 被广泛应用于各电子商务企业，其主要有以下功能。

（1）信息资源共享

Extranet 就是为了实现相互合作的企业之间的信息资源共享而建立的，所以 Extranet 最基本也是最重要的功能就是信息资源共享。

（2）业务协作处理

通过 Extranet，相互合作的企业之间能够建立业务链接，能够充分了解合作方的运营动态，从而优化企业业务结构，实现双方利润的最大化。

（3）共同开发新业务

通过 Extranet，企业可以充分利用合作方的各项资源，共同研发新的业务体系结构，拓展新市场，向新领域进军。

3. Extranet 的实现方式

企业利用 Extranet 实现电子商务活动的方式包括公共网络、专用网络、虚拟专用网。

（1）公共网络

如果一个组织允许公众通过各种公共网络访问该组织的 Intranet，或者两个及更多的企业统一用公共网络把它们的 Intranet 连在一起，这就形成了公共网络 Extranet。在这种结构中，其安全级别较低，因为公共网络不提供任何安全保护措施。而且，Intranet 一般用防火墙来检查来自 Internet 的信息包，但是防火墙也不是百分之百的安全。这种公共网络 Extranet 在实际中很少采用。

（2）专用网络

专用网络是指 Extranet 通过两个企业间的专线连接。专线是两点之间永久的专用线路连接，这种连接的优点是安全。除了专用网络连接的企业，其他任何人和企业都不能进入上述专用网络，所以专用网络保证了信息流的安全性和完整性。专用网络的缺点是成本太高，因为专线非常昂贵，且每个连入专线网络的企业都需要独立的专线。

（3）虚拟专用网

虚拟专用网（VPN）是一种特殊的网络，它采用一种叫作“IP 通道”或者“数据封装”的系统，用公共网络及其协议向贸易伙伴、顾客、供应商和雇员发送重要的数据。这种通道是 Internet 上的一种专用通道，可保证数据在 Extranet 上的企业之间安全的传输。VPN 就像高速公路上的专用通道，处于异地的企业员工可以向企业的计算机发送重要的信息。

4. Extranet 的应用模式

Extranet 的应用模式不同，进入 Intranet 并获取企业内部资源的方式也有所不同，当然，安全级别也是有所区别的。Extranet 的应用模式主要包括安全的 Intranet 模式、特定 Extranet 应用模式、电子商务模式三种。

（1）安全的 Intranet 模式

这种模式允许企业、顾客经由 Internet 或者以拨号方式进入企业内部网络，存取企业内部网络数据，实现企业与企业或者企业与顾客间的资源共享。如企业联盟厂商可以通过该企业的Intranet，使用该企业所提供的各种软件系统等，因此，这种应用模式的安全级别较高。

（2）特定 Extranet 应用模式

这是一种专门针对某特定厂商或者顾客所设计的 Extranet 应用模式。在此模式下，企业内部员工可通过 Intranet 存取网络数据，而企业伙伴或者客户则可通过 Extranet 有限度地存取网络数据，如供应商可通过 Extranet 在线使用报价系统，提供原料报价等。此类应用模式所需的安全级别较前一种低，业务伙伴有中等信赖程度即可满足要求。

（3）电子商务模式

该模式主要使用电子商务技术为企业合作伙伴提供各种网络服务。也就是说，企业的业务伙伴可以通过网络连线，取得企业所提供的网络服务，如内部数据查询等。

总之，不论是哪种应用模式，都涉及企业与企业之间的数据存取，且 Extranet 是通过 Internet 将两个企业互联起来，因此对使用者的个人身份的鉴别非常重要。只是不同的应用模式，对网络环境的安全级别、使用者的信任度的要求有所不同而已。

（四）Internet、Intranet 和 Extranet 之间的关系

Internet、Intranet 和 Extranet 是当今电子商务行业的三大网络环境，三者之间既相互关联，又相互区别。

1. 三者之间的联系

Intranet 与 Extranet 都是建立在 Internet 基础之上的半公开的网络环境，且为了实现相关人员之间的信息资源共享，它们的实施与应用离不开 Internet。同样，企业利用 Internet 进行的电子商务活动也必须在 Intranet 与 Extranet 这种半公开的网络环境中进行，以便于控制对信息资源的使用。

2. 三者之间的区别

Internet 是一个全球开放的网络环境，只要是连入 Internet 的计算机用户，都可以共享 Internet 上的信息资源。

Intranet 只用于企业内部员工之间的交流沟通和信息共享，任何企业外部人员都无法访问存放在 Intranet 上的信息资源。

Extranet 是对相互合作的企业之间进行资源共享的一个半公开的网络环境，并且合作企业只在 Extranet 上公布部分企业相关信息。

三、电子数据交换技术

提高商业文件传递速度和处理速度是所有商业人员的共同需求。现代计算机的大段普及，以及功能的不断提高，已经使计算机应用从单机应用走向系统应用；同时，通信条件和技术的完善、网络的普及也为电子数据交换技术（EDI）的应用奠定了坚实的基础。

（一）EDI 概述

EDI 的应用主要是为了企业降低人工运营成本与出错率，实现企业级数据的自动交互与传输，以提高企业的业务处理效率。随着电子商务的发展，EDI 的应用已逐渐融入电子商务各领域，现在很少特别提及 EDI 的单一应用。

1. EDI 的定义

EDI 是指合作企业之间的商业文件采用统一的标准格式，通过计算机通信网络实现交换与处理的电子化手段。

2. EDI 的特点

EDI 作为企业自动化管理的工具之一，具有以下特点。

一是 EDI 在企业与企业之间传输商业文件数据。

二是 EDI 传输的文件数据都采用共同的标准。

三是 EDI 是通过数据通信网络，一般是增值网或用网来传输数据。

四是 EDI 数据的传输是从计算机到计算机的自动传输，不需要人工介入操作。

3. EDI 的发展阶段

20世纪60年代产生以来，EDI经历了不同的发展阶段，根据应用范围的不同，可分为企业 EDI 阶段、行业 EDI 阶段、国际 EDI 阶段，以及 Internet EDI 阶段。

（1）企业 EDI 阶段

20 世纪 60 年代，EDI 还处于初级研究阶段，此时的 EDI 应用是点对点的，只在少数企业内部使用。

（2）行业 EDI 阶段

20 世纪 70 年代，由于数字通信技术推动了 EDI 技术的发展，行业性的数据传输标准与 EDI 逐渐建立起来，此时的 EDI 应用主要集中在银行业、运输业和零售业。

（3）国际 EDI 阶段

20 世纪 80 年代，EDI 开始迅速发展并走向国际领域。1986 年欧洲和北美 20 多个国家代表开发了用于行政管理、商业及运输业的 EDI 国际标准（EDIFACT），并于 1987 年 ISO 正式通过。

（4）Internet EDI 阶段

随着 Internet 的发展与应用，20 世纪 90 年代，EDI 应用已经从专用网扩展到 Internet，使中小企业也开始实现 EDI 应用。

（二）EDI 的工作过程

EDI 工作过程就是用户将相关数据从自己的计算机信息系统传送到交易方的计算机信息系统的过程，该过程因用户应用系统和外部通信环境的差异而不同。在有 EDI 增值服务的条件下，该实现过程可分为以下几个步骤。

第一，发送方将要发送的数据从信息系统数据库提出，通过内部接口模块与企业 EDI 系统连接，利用格式转换模块，将普通格式的单证转换成结构化的中间文件。

第二，将经过结构化的中间文件通过报文生成与处理模块，翻译成 EDI 标准报文。

第三，利用通信模块连接到 EDI 通信网络，发送 EDI 标准报文。

第四，接收方 EDI 系统的通信模块接收发送方的 EDI 标准报文。

第五，接收到的 EDI 标准报文经过报文生成与处理模块，翻译成结构化的中间文件。

第六，结构化的中间文件经过格式转换模块转换成普通格式的单证，并通过用户接口模块传送到接收方信息系统中进行处理。

（三）EDI 的应用

EDI 应用初期，其运行成本较高，所以仅有少数几家大型企业实施 EDI 应用。随着基于 Internet 的开放式 EDI 应用的产生，企业实施 EDI 系统的成本大大降低，逐渐满足了中小企业对 EDI 应用的需求，同时也扩大了 EDI 的应用范围。目前，EDI 主要应用于港口（港航 EDI 中心）、海关、银行、商检等领域，其中以电子业与航运业应用最为广泛。

第二节　电子商务网站开发技术

电子商务的实施是建立在电子商务网站运作的基础之上的，电子商务网站的开发技术所涉及的领域也非常广泛，这里主要是从客户端开发技术和服务器端开发技术两个方面来介绍电子商务网站的开发技术。

一、客户端开发技术

客户端开发技术是 Web 程序中最重要的技术之一。客户端开发技术主要用来描述及控制在浏览器中显示的页面，并与服务器进行通信。

（一）多媒体实现技术

多媒体包括文本、图像、动画、音频、视频等多种格式的信息，其中文本、图像是静态网页开发的基本元素，而动画、音频、视频则多用于动态网页开发。多媒体实现技术主要是指用于 Web 站点部署多媒体内容所采用的方法。客户端开发过程中常用的多媒体实现技术见表 3–1。

表 3–1 多媒体实现技术

类型	作用	多媒体	实现技术工具	应用范围
静态	增强静态网页的显示效果	文本	Dreamweaver、Front page	基础静态网页设计
		图像	Fireworks、Photo Shop	
动态	增加动态网页的交互体验	动画	Flash、VRML	动画和集合模型的 3D 建模等
		音频	Audition，Gold Wave x All Editor	音乐制作、格式转换等
		视频	Macro Media、Hot Media	新闻、广告、应用系统等

（二）客户端实现技术

客户端浏览器中所显示的内容多样性通常是以超文本标记语言与层叠样式表的结合使用的方式来实现的。

1. 超文本标记语言

超文本标记语言（HTML）是目前应用最广泛、构成网页文件的主要语言，目前使用最高版本为 2008 年正式发布的 HTML5。HTML 使网页制作人可以很方便地建立文本、图片、音频、视频等相结合的复杂网页，并将这些网页存储于网络服务器中，客户端用户需通过超文本传输协议（HTTP）向服务器申请才能够访问。

HTML 的结构包括头部（Head）和主体（Body）两大部分，其中 Head 用来定义网页的名称和所需要的信息，Body 则是用来定义网页中要呈现给用户浏览的具体内容。

2. 层叠样式表

层叠样式表（CSS）是一种设计网页样式的工具，样式中的属性应用在 HTML 文档中，并显示在浏览器中。CSS 可以对页面的布局、主体、颜色、背景等进行有效的控制，借助其强大的功能设计出精美的网页。CSS 可用四种方法将定义的样式与 HTML 文档结合，使其具有很好的易用性和扩展性。

一是嵌入样式。嵌入样式是指直接将样式定义在 HTML 中 Body 部分的任意标记中，所定义的样式只对所在的标记起作用。

二是内联样式。内联样式是指将样式定义在 HTML 中 Head 部分的 Style 标记中，所定义的样式只对所在的网页有效。

三是外联样式。外联样式是指将样式定义在一个独立于 HTML 的外部 CSS 文件中，可以用于多个不同的网页。

四是输入样式。输入样式是在一个 CSS 文件或 HTML 中 Head 部分的 Style 标记中使用 CSS 的 @import 声明输入样式，适合于布局页面的模块效果。

（三）客户端体系结构

根据用户界面的动态内容表现方式可将客户端体系结构分为两种：一种是通过客户端脚本语言表现动态内容的体系结构，即客户端脚本体系结构；另一种是通过客户端的应用程序来表现动态内容的体系结构，即客户端应用体系结构。

1. 客户端脚本体系结构

客户端可通过脚本语言处理不需要与服务器应用程序通信的简单逻辑；复杂的逻辑仍由服务器端执行。该体系结构可以对用户动作给出更多的响应，且与服务器通信较少，需要的服务器资源也比较少。支持该体系结构的脚本语言主要有 ECMA Script、JavaScript、JScript、VBScript 等。

ECMAScript。ECMAScript 是由欧洲计算机制造商协会（ECMA）制定的一种规范描述，它定义了脚本语言的所有属性、方法和对象。其他脚本语言的功能实现是以 ECMAScript 为基础的。

JavaScript。JavaScript 是 Netscape 公司为了扩充 Netscape Navigator 浏览器功能而开发的一种基于对象的脚本语言。JavaScript 在 HTML 页面中以语句形式出现，可以执行相应的操作，使用它可以开发网络客户端的应用程序。

JScript。JScript 是微软开发的一种用于 IE 的脚本语言，使用的是基于原型的对象结构，允许在脚本内建立与执行脚本或者进行动态评价。JScript 与 Java Script 在某种程度上很相似，因为两者都是基于 ECMA Script 语言规范的扩展应用。

随着科技的飞速发展，浏览器的版本不断更新，浏览器对脚本语言的支持也随之发生变化。其中 JavaScript 被 Netscape、Microsoft IE 等所有主流浏览器支持，而 JScript 仅被 Microsoft IE 浏览器支持。

2. 客户端应用体系结构

用户可下载一个能在客户端运行并且功能完善的应用程序，以便控制用户的交互和内容构造。该体系结构弱化了用户界面和业务逻辑的区别，支持 Web 页面离线浏览，且与服务器的通信量很少，不需要很多服务器资源。支持客户端应用体系结构的技术有 Java Apple、Active X、可下载的 Java 应用程序等。

Java Applet。Java Applet 是可以作为支持 Web 文档中的附件来分发的 Java 程序，具有很好的平台兼容性。Java 包括使 Applet 功能更加强大的标准类库。当执行一个 Java Applet 时，Java 标准类库可直接被 Java 虚拟机（JVM）解释并执行而不需要传送到客户端。

Active X。微软将 Active X 定义为一组使得用任何语言编写的软件构件在网络环境中都能相互操作的综合技术，其中 Active X 控件与 Web 设计的关系最密切。Active X 与 Microsoft Windows 操作系统一起工作，可提供比 Java Applet 更强大的功能，但它只能在 Windows 环境下工作。

可下载的 Java 应用程序。Java 应用程序是运行在客户端系统上的独立的应用程序，必须通过终端用户安装，还需要客户机上有 JVM。可下载的 Java 应用程序通常比 Applet 大得多，功能也强得多。

二、服务器端开发技术

动态网站对于 Web 开发者而言，不仅能获得用户的反馈信息，根据用户需求进行网站更新，还能够通过用户身份确认，实现信息的有偿提供，获取收益。

在各种服务器端开发技术中，常用的有 ASP 技术、JSP 技术、NET 技术及基于 PHP 的开发技术等。

（一）ASP 技术

对于用户，ASP 能增强用户在互联网的参与度，从被动的信息接受者转变为信息的获得者，用户能根据需要，迅速从网上找到有用的信息。

1. ASP 概述

服务器端动态网页（ASP）是微软开发的服务器脚本环境。通过 ASP 可以与 HTML、脚本语言和一些组件结合，创建动态、交互而且高效的 Web 应用程序，以进行网络信息处理工作。

2. ASP 的特点

相较于其他的服务器端开发技术，ASP 拥有自身的特点。

一是使用 VB Scrip、JScript 等简单易懂的脚本语言，结合 HTML 代码，即可快速地完成网站的应用程序。

二是无须编译，容易编写，可在服务器端直接执行。

三是与浏览器无关，用户端只要使用可执行 HTML 代码的浏览器，即可浏览与 ASP 相关的网页内容。

四是 ASP 的源程序，不会被传到客户浏览器，可以避免所写的源程序被他人剽窃，也提高了程序的安全性。

3. ASP 的运行环境

ASP 是微软公司提供的，可在微软公司的 Windows+IIS（Internet Information Service）平台上使用，其他服务器需安装了 ASP 组件后才能实现 ASP 功能。IIS 是一种 Web 服务，主要包括 WWW 服务器、FTP 服务器等，它使得在 Internet 或者 Intranet 上发布信息成为一件很容易的事。

4. ASP 工作原理

当浏览器向 Web 服务器发出请求时，服务器端的脚本便开始运行，Web 服务器调用 ASP 处理所请求的文件，执行脚本命令，并将 Web 页面以 HTML 文件格式发送到浏览器。

（二）JSP 技术

JSP（Java Server Pages）是近年来发展最迅速、最引人注目的 Web 应用开发技术之一。

1. JSP 概述

JSP 是一种动态网页技术标准，在动态网页的建设中有着强大而特别的功能，它主要用于创建可支持跨平台及跨 Web 服务器的动态网页。

作为 Java 技术的一部分，JSP 能够快速开发出基于 Web、独立于平台的应用程序。JSP 把用户界面从系统内容中分离出来，使得设计人员能够在不改变底层动态内容的前提下改变整个网页布局。

2. JSP 技术特点

一是内容表达与数据生成的分离。数据的生成由服务器端的其他组件来处理，JSP 主要处理内容的表达。

二是支持协作开发的 MVC（Model-View-Controller）分层体系结构。在 Web 应用中，JSP 与 Servlet 分工合作，业务逻辑被封装在 JavaBeans 组件中，Servlet 处理部分控制逻辑，JSP 处理动态内容的表达并把它们合并到 HTML 文档中。这使得开发小组中的不同人员更容易分工，即协作 HTML 文档的人员同时也对 JSP 负责，程序员负责 Servlet 和 JavaBeans 的编程，而页面协作人员通过标记来使用 Servlet 和 JavaBeans。

三是易用性。JSP 技术建立在 Java 编程模型和 HTML 内容表达等标准的基础上，这使得很多 WN 应用开发者很容易学习和使用 JSP 技术。

四是可移植性。通过使用 Java 作为脚本语言、JavaBeans 作为组件体系结构。HTML 作为表达内容的标准，使得 JSP 具有很好的跨平台性，也独立于 Web 服务器软件。

五是基于 Java。这一特性使得 JSP 技术继承了 Java 的优势，包括强类型、面向对象、模块化和很强的内存管理。

3. JSP 的运行环境

JSP 是基于 Java 的开发技术，几乎可以运行于所有平台，如 Windows、Linux、UNIX 等，JSP 运行的常用配置方案主要有三种，即 J2SDK+Tomcat、J2SDK+Apache+Tomcat、J2SDK+IIS+Tomcat。其中 J2SDK 是 Java2 的软件开发工具，是 Java 应用程序的基础，由于 JSP 是基于 Java 技术的，所以配置 JSP 环境之前必须要安装 J2SDK。在第一种配置方案中，Tomcat 同时作为 JSP 应用服务器与 Web 服务器，配置相对简单；后两种配置方案中，Apache 与 IIS 为 Web 服务器；Tomcat 作为 JSP 应用服务器。

4. JSP 的运行过程

JSP 的执行必须同时具备 JSP 容器及 JSP 运行环境、Java 编译器与 Java 虚拟机。在 JSP 运行过程中，首先由客户端浏览器发出请求，JSP 容器接收请求后，对 JSP 代码进行转化及编译等操作，生成实例后返给客户端浏览器。

（三）.NET 技术

微软 .NET 的核心就是 .NET Framework，.NET 应用是使用 .NET Framework 类库来编写，并运行于公共语言运行时（Common Language Runtime）之上的应用程序。如果一个应用程序跟 .NET Framework 无关，就不能叫作 .NET 程序。

1. .NET 基本概述

.NET 是微软面向 XML Web 服务的平台，它使用一种统一的、个性化的方式将客户的信息、设备和人员紧密联系在一起。.NET 的目的是要加快产生下一代分布式计算的过程，是微软用来实现 Web Service、SOA 和敏捷性的技术。

2. .NET 的特点

一是联通性。.NET 是让所有的事物都连接起来，不管是人、信息、系统，还是设备；不管是一个企业的内部员工、外部合作伙伴，还是客户等。在一个异构的 IT 环境里，.NET 技术能够将不同的系统连接起来。

二是编程模式一致性。.NET 开发平台强调使用一致的编程模式，改善了 Windows 中既有 DLL 函数又有 COM 对象的面向对象编程模式。

三是跨语言重用性。.NET 为所有支持其编程方式的语言如 C++、Visual Basic 等提供了一整套通用的类型系统，使程序代码可在源码级别上跨语言重用。

四是网页开发的前后台分离。.NET 采用将网页分成前台网页和后台代码的前后台开发方式，将页面开发和应用逻辑开发完全分离，大大提高了网页的开发效率，以及组建和代理的重用。

3. .NET 的运行环境

.NET 是一种跨平台的开发技术，微软开发的共享源码公共语言基础。.NET 实现版本与 Novell 公司主持的 Mono 项目，使 .NET 不仅可以在 Windows 上运行，还可以运行于 Linux 和 UNIX 等操作系统。在 .NET 的运行环境中，必须确保安装了 Web 服务器软件、.NET Framework SDK、Visual Studio.NET、SQL Server。

4. .NET 的三层架构

.NET 典型的应用架构是三层架构，是在客户端与数据库之间加入了一个“中间层”，也叫组件层。这里所说的三层体系，是指逻辑上的三层，即将这三个层放置到同一台机器上。

三层体系的应用程序将业务规则、数据访问、合法性校验等工作放到了中间层，即逻辑层进行处理。在通常情况下，客户端不直接与数据库进行交互，而是经由中间层与数据库进行交互。

（四）基于 PHP 的开发技术

作为最普及、应用最广泛的互联网开发语言之一，PHP 从 1994 年诞生至今，已被全球 70 % 左右的网站作为主流开发语言使用。随着技术的日益成熟与完善，PHP 已经从一种针对网络开发的计算机语言发展成为一个适用于企业级部署的技术平台。

1. PHP 概述

现在，我们所说的 PHP 指的是一种用于开发动态网页的工具，即超文本预处理程序（Hypertext Preprocessor），其表示 PHP 在数据加载成为 HTML 文件之前对数据进行预处理。

2. PHP 的特点

由于 PHP 兼具多方面的特点，目前在国内外有数以亿计的个人和组织在以各种形式、各种语言学习、发展和完善 PHP，并不断发布最新的应用和研究成果。PHP 的特点见表 3–2。

表 3–2　PHP 的特点

特点	内容
速度快	混合了 C、Java、Perl、PHP 式的新语法，网页执行速度比 CGI、Perl、ASP 更快
简单易学	语法结构简单，易于入门，很多功能只需要一个函数就可以实现
具有可选择性	大多数功能可以通过多种方法实现，开发人员可以根据自身掌握知识的情况进行选择
成本低	源代码完全公开，从而使其在跨平台使用的过程中不会产生任何费用
功能全面	作为一种面向对象的、完全跨平台的新型 Web 开发语言，其功能包括面向对象的设计、结构化的特性、安全编码机制等，几乎涵盖了所有网站的功能

3. PHP 的运行环境

PHP 技术具有良好的跨平台性，使其能够在不同操作系统中运行，只需在系统平台中事先配置好 PHP 运行所需的服务器软件、数据库与 PHP 程序库等相关组件。常见的 PHP 运行环境分为两种：一种是 WAMP，即 Windows + Apache + MySql + PHP；另一种是 LAMP，即 Linux + Apache + MySQL + PHP。

第三节　数据处理技术

在电子商务交易过程中，需要对各种相关数据进行加工处理，此时我们需要使用一些数据处理技术。通常，我们用到的数据处理技术包括商务智能技术、数据仓库技术、联机分析处理技术、数据挖掘技术等。

一、商务智能

随着信息化的不断发展，各种计算机应用系统的运行为企业积累了大量的历史数据。但在很多情况下，这些海量数据在原有的作业系统中无法提炼为有用的信息以提供给业务分析人员和管理决策者。随着商务智能的产生与应用，相信这些问题都将迎刃而解。

（一）商务智能的定义

商务智能是综合利用数据仓库、联机分析处理，以及数据挖掘技术，从企业数据仓库中挖掘出企业决策的支持信息，以帮助企业领导者快速制定正确的战略决策的综合应用。

（二）商务智能的框架结构

商务智能的框架结构描述了企业应用商务智能辅助决策制定时所需要的一般工具及其处理过程，包括可操作的数据、数据仓库建模和构造工具、数据管理、访问工具、决策支持工具、商务智能应用和元数据管理。

1. 可操作的数据

可操作的数据是商务智能的数据源，包括内部数据和外部数据两类。内部数据来自企业的日常业务处理系统，如ERP、前台交易系统等；外部数据来自Internet行业期刊和报告等。

2. 数据仓库建模和构造工具

数据仓库建模和构造工具被用于从数据源系统中捕捉数据，使其经过加工和转换后装入数据仓库。

3. 数据管理

数据管理是管理终端用户感兴趣的信息。其一般采用三层存储结构，即数据仓库、数据集市、主题信息存储库。数据仓库中集成企业所有的信息；数据集市中存储某个部门的信息；主题信息存储库中存储根据用户和应用需求筛选的信息。

4. 访问工具

访问工具包括应用接口和中间件服务器，使得客户能够访问和处理数据库和文件系统中的信息。

5. 决策支持工具

决策支持工具包括基本的查询和报表工具，以及 OLAP 和数据挖掘工具，这些工具都支持图形用户界面，有些还可以在 Web 界面上使用。

6. 商务智能应用

商务智能应用是针对不同行业或者领域，经过处理的完整商务智能解决方案软件包。

7. 元数据管理

元数据管理用来管理与整个商务智能系统有关的元数据，包括技术元数据和商业元数据。

（三）商务智能系统的组成

商务智能系统是企业对商务智能技术的具体应用，即对数据源、数据仓库管理器、企业数据仓库、数据挖掘、OLAP，以及前端工具的整合应用。

1. 数据源

数据源是企业进行商务智能活动所需要的数据来源，包括业务数据和第三方数据。业务数据是指企业内部业务运作的相关数据，第三方数据主要是指企业外部数据。

2. 数据仓库管理器

数据仓库管理器是在将数据源导入企业数据仓库之前对相关数据进行收集、清洗、复制、抽取、转换、加载等预操作的工具。

3. 企业数据仓库

企业数据仓库被用于存储经过预处理的业务数据和第三方数据，其包括多个数据集市。

4. 数据挖掘

数据挖掘是以企业数据仓库为基础对数据进行深层挖掘的工具，目的是通过数据挖掘而得出有用的信息。

5. OLAP

OLAP 是以企业数据仓库为基础对数据进行分析的工具，目的是通过对数据的分析而得出进一步处理数据所需要的信息。

6. 前端工具

前端工具是指数据查询工具、数据报表工具、数据分析工具等各种基于数据仓库或者数据集市的应用开发工具，商务智能系统的应用人员通过各种前端工具得出辅助决策的支持信息。

（四）商务智能的应用

商务智能为电子商务企业解决了面对海量数据而束手无策的难题，也为企业的运营决策提供了数据支持，使企业管理人员能够准确地找到对企业有利的数据，并及时加以利用。下面以网络零售为例，介绍商务智能的应用。

1. 制定合适的网络营销策略

企业利用商务智能技术可以构建电子商务整体业务模型，确定合适的营销策略。企业在引入商务智能系统后，可将业务系统的数据整合到数据仓库后挖掘出不同客户的消费习惯，从而采取具有针对性的广告策略和促销策略，在竞争中击败对手。

2. 改善客户管理

网上商店通过 OLAP 和数据挖掘技术，能够处理海量的交易记录和相关的客户资料，对客户进行分类，然后针对不同类型的客户制定相应的服务策略。同时，提高客户的满意度和忠诚度，以此提高企业的决策水平，制订更合适的方案来获取更高的利润。

3. 库存分析

库存分析就是通过记录有关库存数量和销售数量之间关系的各种数据，研究企业库存效率，并分析如何在满足销售订单的同时，尽量减少库存数量。将预测得出的未来销售数量与企业现有库存数量相结合，决策者就能得出最佳库存量，从而提升企业库存效果，并通过减少库存成本来提升企业利润。

4. 增强对市场的洞察力

企业使用数据仓库技术和数据挖掘技术，根据有关顾客的购买习惯、购买数量与外部环境之间的关系等大量数据，分析预测未来的市场购买趋势，再结合企业现有库存水平制定出合适的生产营销策略，以提高企业利润。

二、数据仓库技术

数据仓库是进行联机分析处理和数据挖掘的基础，它从数据分析的角度将联机事务中的数据经过加工后加载到数据仓库中，这些数据在数据仓库中被合理地组织和维护，以满足联机分析处理和数据挖掘的要求。

（一）数据仓库概述

数据仓库不仅包含了分析所需的数据，而且包含了处理数据所需的应用程序，这些程序既包括了将数据由外部媒体转入数据仓库的应用程序，也包括了将数据加以分析并呈现给用户的应用程序。

1. 数据仓库的定义

数据仓库是面向主题的、集成的、非易失的、随时间变化的数据集合，用以支持经营管理中的决策制定。

2. 数据仓库的特点

从数据仓库的定义中，我们可以看到其基本特点包括面向主题、集成性、非易失性，以及时变性。

面向主题。传统的操作系统是围绕公司的应用构建的，数据仓库则是面向主题构建的。例如对一个保险公司来说，主题可能是顾客、保单、保费等；对于一个生产商而言，主题可能就是产品、订单、销售商等。

集成性。集成性是数据仓库最重要的特点。当数据被放进数据仓库时，无论方法或源应用是什么，都要一致地对其进行编码，即对所有的应用设计问题，都要考虑一致性处理问题。

非易失性。数据仓库的数据非易失性是指数据仓库的用户进行分析处理时，不进行更新操作，即一旦数据被放进数据仓库，其就会保持一段相当长的时间。

时变性。数据仓库的时变性是指数据仓库中的数据是随时间的变化不断增加、更新的。数据仓库记录的是系统各个时点的数据，在进行数据分析时，再将各时点的数据加以统筹考虑，从而为决策分析提供有效的依据。

（二）数据仓库的相关概念

在利用数据仓库进行决策分析时，会碰到许多相关概念，这里我们介绍几个主要的相关概念。

1. 外部数据源

外部数据源就是从系统外部获取的与分析主题相关的数据。外部数据源并不局限于传统数据库，既可以是非结构化的信息，也可以是网络资源。需要注意的是，我们必须保证外部数据源的完整、准确，并且必须综合考虑系统内部和外部的相关数据。

2. ETL

ETL（Extract Transformation Load）即进行数据抽取、转换、清洗和装载的工具。

一是数据抽取是指以主题的需求为依据，对数据源的内容进行有目的的选择的过程。

二是数据转换是指将外部数据源的格式，以及所依赖的数据平台等转换成与数据仓库一致的过程。

三是数据清洗是指在进入数据仓库之前，对外部数据源中有错误、有噪声、不一致的“脏数据”进行语义更正或者删除的过程。对数据仓库而言，数据清洗是必不可少的过程。

四是数据装载也称数据加载，是指把经过抽取、转换、清洗的数据装入数据仓库的过程。

3. 数据仓库存储

数据仓库存储是指存放数据仓库数据，以及元数据。数据仓库中存放的数据主要包括从业务系统中提取并经过清洗、转换的数据；根据 OLAP 分析和数据挖掘的需要，在原始数据的基础上增加的其他信息。

4. 元数据

元数据是指描述数据的数据，是关于数据仓库中数据、操作数据的进程，以及应用程序的结构和意义的描述信息。元数据所描述的对象，涉及数据仓库的各个方面，是整个数据仓库的核心。

5. 数据集市

数据集市是指面向企业中的某个部门（主题）而在逻辑上或者物理位置上划分出来的数据仓库中的数据子集。也就是说，数据集市包含了用于特殊目的的数据仓库的某些数据。数据集市也可以指某个特定应用的数据仓库，其主要针对某个具有战略意义的应用或者部门级的应用，以支持用户利用已有的数据进行管理决策。

（三）数据仓库的应用

企业建立数据仓库，不仅能够集中存储海量的业务数据，更重要的是还能够为企业进行联机分析处理和数据挖掘提供基础服务，具体包括提供数据来源和结果存储服务。

1. 提供数据来源

企业的海量历史数据都存储在数据仓库中，企业要进行联机分析处理和数据挖掘为企业决策提供信息支持，就需要从数据仓库中提取相关数据。

2. 结果存储服务

联机分析处理和数据挖掘仅为企业提供数据分析与信息发现功能，并不能为企业提供数据存储服务。企业进行联机分析处理与数据挖掘之后得到的结果，仍然存储于企业数据仓库中。

三、联机分析处理

在竞争激烈的信息化时代，海量信息和组织结构的变化要求管理者能够作出迅速而明智的决策，为了在最短的时间内作出明智的决策，其必须考虑各种商业情况下可能出现的各种复杂问题。于是，联机分析处理技术便应运而生了。

（一）联机分析处理的概念

目前，学术界对联机分析处理（OLAP）提出了多种不同的定义，普遍采用的是 OLAP 委员会给出的定义，即 OLAP 是使管理人员能够从多种角度对从原始数据中转化出来的、能够真正为用户所理解的，并真实反映业务维特性的信息进行快速、一致和交互的存取，从而获得对数据更深入的理解的技术。

（二）联机分析处理的功能

OLAP 作为以企业数据仓库为基础、帮助企业进行决策分析的技术，其主要功能有以下 4 点。

1. 提供多维逻辑视图

OLAP 技术采用的是多维数据分析，能够形成立体结构，从而使用户能够多角度地观察有助于其决策分析的数据，从而充分了解需要改善的方面。

2. 提供交互查询

OLAP 通常会对数据仓库中的大量聚集数据进行预计算，以提高聚集查询的响应速度，从而达到为用户提供快速的交互查询的目的，有助于用户迅速作出决策分析。

3. 提供数据分析的建模功能

采用 OLAP 技术可以根据企业数据仓库建立相应的商业模型，便于对客户、供应商、产品与服务等各方面进行合理分析，帮助企业完善 CRM、SCM，以及企业的内部业务环境。

4. 预测、趋势分析和统计分析

企业可以利用 OLAP 对企业的业绩报表和行业的市场情况进行分析，然后对可能存在的风险隐患和企业的未来发展趋势进行分析，帮助企业完善风险预警机制和未来的发展规划。

（三）联机分析处理的相关概念

1. 变量

变量是数据度量的指标，是数据的实际意义，即描述数据“是什么”。例如，数据“370”本身并没有意义，但如果说某企业 2012 年第一季度东北地区产品 A 的销售量是 370 万件，那么“370”就代表了对产品销售量的度量。

2. 维

维是描述与业务主题相关的一组属性，单个属性或者属性集合可以构成一个维。例如，电脑配件销售量随着时间的推移而产生的变化，是从时间的角度对产品的销售量进行观察。

3. 维的层次

一个维往往可以具有多个层次，例如，时间维分为年、季度、月和日等层次。这里的层次表示数据细化程度。

4. 维成员

若维是多层次的，则不同层次的取值构成一个维成员。部分维层次同样可以构成维成员，例如，“某年某季度”“某季度某月”等都可以是时间维的成员。

5. 多维数组

多维数组用维和变量的组合来表示，一个多维数组可以表示为(维1，维2，…，维n，变量)，例如由(月份，地区，产品，销售额)组成的一个多维数组。

6. 数据单元

数据单元是指多维数组的取值，当多维数组中每个维都有确定的取值时，就唯一确定一个变量的值。数据单元可以表示为(维1成员，维2成员，…，维n成员，变量的值)。

7. 事实

事实是指不同维度在某一取值下的度量。

（四）联机分析处理的分类

OLAP按照存储器中多维数据的存储方式可以分为以下几类。

1. 关系联机分析处理

关系联机分析处理（ROLAP）使用关系数据库管理系统（RDBMS）或扩充关系数据库管理系统（XRDBMS）存储和管理数据仓库，以关系表存储多维数据，有较强的可伸缩性。其中，维数据存储在维表中，而事实数据和维ID则存储在事实表中，维表和事实表通过主键和外键关联。

2. 多维联机分析处理

多维联机分析处理（MOLAP）支持数据的多维视图，采用多维数据组存储数据，它把维映射到多维数组的下标或者下标的范围，而事实数据存储在数组单元中，从而实现了多维视图到数组的映射，形成了立方体结构。

3. 混合联机分析处理

混合联机分析处理（HOLAP）是ROLAP和MOLAP两种技术的有机结合。其中，在ROLAP中存储低级别的聚集，在MOLAP立方体中存储高级别的聚集，使得H0LAP同时具有ROLAP的可伸缩性和MOLAP的快速计算等优点，能够满足用户复杂的分析需求，其性能介于ROLAP和MOLAP之间。

4. 桌面联机分析处理

桌面联机分析处理（DOLAP）属于单层架构，它是基于桌面的客户端进行的联机分析处理。DOLAP 的主要特点是由服务器生成请求将与数据相关的立方体下载到本地，再由本地提供数据结构与报表格式重组，为用户提供多维分析，此时无须任何网络连接，灵活的存储方式方便了移动用户的需要但 DOLAP 支持的数据量有限，影响了它的使用频率和范围。

（五）联机分析处理的基本操作

OLAP 比较常用的操作包括对多维数据的切片、切块、旋转和钻取等。

1. 切片

将对选定的多维数组的一个维成员做数据分割的操作称为该维上的一个切片，被分割的维成员是多维数据组的一个二维子集。

2. 切块

通常把在多维数组中选定一个三维子集的操作视为切块。当某维只取一个维成员时，便得到一个切片，而切块则是某一维度取值范围下的多个切片的组合。

3. 旋转

旋转，又称转轴，是一种视图操作。通过旋转可改变一个报告或者页面显示的维方向，在表格中重新安排维的位置。

4. 钻取

钻取能够帮助用户获得更多的细节性数据，具体包括上钻和下钻。

（1）上钻

上钻又称为上卷，是指通过一个维的分层向上攀升或者通过维归约在数据立方体上进行数据汇总。

（2）下钻

下钻是上钻的逆操作，是指通过对某一汇总数据进行维层次的细分来分析数据。下钻可使用户对数据有更深入的了解，更容易发现问题的本质，从而作出正确的决策。

（六）联机分析处理在电子商务中的应用

OLAP 是利用企业数据仓库对企业各项数据进行分析，有助于企业高层管理者迅速作出决策的技术，其在电子商务中主要包括以下几个方面的应用：

1. 销售数据分析

OLAP 可以根据企业的业务报告，对销售数据进行分析，得出企业各项产品服务的高峰时间、地点，以及最优业务量，以便企业随时整改市场规划方案，控制生产，避免产量过剩或者不足。

2. 客户属性分析

企业可以利用 OLAP 技术对客户的消费行为进行分析，得出企业产品的最适合年龄层、职业、地区，从而根据地区客户的行为习惯及消费偏好推出个性化产品，促进客户关系管理。

3. 产品数据分析

企业可以通过 OLAP 技术分析各产品的销售情况，了解产品的各项优势及缺点，及时对产品设计作出相应的调整，投入生产，从而提升企业整体效益。

四、数据挖掘技术

传统的决策支持系统通常是在某个假设的前提下通过数据查询和分析来验证或否定这个假设的，而数据挖掘技术则能够自动分析数据，进行归纳推理，从中发掘潜在的理想模式或者产生联想，建立新的业务模型以帮助决策者调整市场策略，作出正确的决策。

（一）数据挖掘的定义

数据挖掘是从大型数据仓库中，提取隐藏在其中的、事先未知的、易于理解的、可操作的、对商业决策有用的信息的过程。数据挖掘能帮助最终用户从大型数据仓库中提取有用的商业信息，再从收集的数据中寻找有用但是尚未被发现的信息。

（二）数据挖掘的流程

鉴于应用需求和数据基础的不同，数据挖掘处理的步骤可能也会有所不同。通常，数据挖掘的基本步骤包括：确定任务对象、数据准备（数据选择、数据预处理、数据转换）、数据挖掘、结果分析评估、知识同化。

1. 确定任务对象

清晰地界定业务问题，明确数据挖掘的目的或者目标，是成功完成任何数据挖掘项目的关键，对于分析者和决策制定者来说，能在项目开始前给出对业务、商业目的和数据挖掘目标等方面的清晰描述是至关重要的。挖掘的最后结果是不可预测的，但是要探索的问题应该是可预见的，单纯为了数据挖掘而进行的数据挖掘带有盲目性，是很难成功的。

2. 数据准备

数据准备对于数据挖掘的成功至关重要，数据准备是否做好将直接影响数据挖掘的效率、准确度，以及最终模式的有效性。数据准备分为以下三个步骤。

（1）数据选择

数据选择是在对发现任务和数据本身内容理解的基础上，搜索与业务对象相关的数据信息，从中选择用于数据挖掘的源数据，以缩小数据规模。

（2）数据预处理

数据预处理是指在数据挖掘之前研究数据的质量，进行数据的再加工，为进一步的分析做准备。

（3）数据转换

数据转换是指将数据转换成一个分析模型，该模型是针对挖掘算法建立的，是数据挖掘成功的关键。

3. 数据挖掘

数据挖掘是所有数据挖掘项目中的核心部分。一般来说，使用越多的数据挖掘技巧，就会有越多的商业问题被解决。而且，使用不同的挖掘技巧也可以对挖掘结果的质量进行比较、检验。每一种方法都可能产生不同的结果，如果多个不同方法生成的结果都相近或者相同，那么就说明挖掘结果是稳定的，其可用度非常高。

4. 结果分析评估

结果分析评估是对数据挖掘发现的模式进行解释和评价，过滤出有用的知识。数据挖掘得到的模式有可能没有实际意义或者没有实用价值，也可能不能准确反映数据的真实意义，甚至在某些情况下与事实相反，因此对于数据挖掘的结果需要进行评估，以确定数据挖掘是否存在偏差，挖掘结果是否正确，哪些是有效的、有用的模式，是否满足用户的需求。

5. 知识同化

知识同化就是将分析所得到的知识集成到业务信息系统的组织结构中去。知识同化是对数据挖掘价值的体现，使数据挖掘的结果应用于商务决策，更好地辅助管理人员和业务人员的决策。

（三）数据挖掘方法分类

数据挖掘致力于从所提供的数据中发现新规则与新模式，是一个从原始数据到信息再到知识的发展过程。数据挖掘方法主要包括以下几种。

1. 关联分析

关联分析是从数据仓库中发现知识的一类重要方法。若两个或多个数据项的取值重复出现且出现概率很高时，其就存在某种关联，可以建立起这些数据项的关联规则。例如典型的“啤酒与尿布事件”，就是通过分析同时购买两种商品的顾客数量来分析这两种商品销售量之间的关联。

2. 分类

分类是找出一个类别的概念描述，它代表了这类数据的整体信息，即该类数据的内涵描述。分类是数据挖掘中应用最多的方法，一般用规则或决策树模式来表示。

3. 检测序列模式

检测序列模式就是要找到动作或时间序列。检测序列模式相当于在具有确定的时态关系的事件中，检测它们之间的关联性，例如，快餐店根据顾客在点餐的过程中先点薯条再点可乐的顺序，来确定二者销量之间的关联性。

4. 聚类

聚类是指给定的事件或项的集合可以被分割成“相似”的元素集合。例如，零售电商企业通过用户的网页浏览记录，将经常浏览图书信息的用户数据集中存储起来。聚类方法具体包括统计分析方法、机器学习方法、神经网络方法等。

5. 预测

预测是利用历史数据找出变化规律，建立模型，并用此模型来预测未来数据的种类、特征等。例如，企业通过前五年的业绩情况建立业绩增长模型，从而预测未来五年企业可能达到的业绩目标。典型的预测方法是回归分析，即利用大量的历史数据，以时间为变量建立线性或者非线性回归方程。

（四）数据挖掘的应用

数据挖掘技术是以数据仓库中的海量数据为基础，为企业准确制定发展决策服务。数据挖掘在企业经营环节中的应用主要包括以下几个方面。

1. 降低生产成本

企业利用数据挖掘技术，可对生产过程中的人员配备、作息安排、原料供应等各项数据进行深层挖掘分析，从而得出能够最小化企业生产费用的人员配备、作息安排，以及原料供应等规划方案，大大降低企业的生产成本。

2. 优化物流系统

企业利用数据挖掘技术，可通过分析企业内外部各种因素的变化，确定更加合理的物流配送方案，从而缩短运输周期，提高企业的配送效率，优化企业的物流系统。

3. 销售方案的有效性分析

企业利用数据挖掘工具，可通过分析比较销售方案实施期间的销售量与交易额同实施前的销售量与交易额，来确定销售方案的有效性，从而制订进一步的销售整改方案。

4. 提高客户忠诚度

企业利用数据挖掘技术，可根据客户的消费行为，分析客户对企业的产品购买频率及偏爱程度等，挖掘出企业的潜在客户、忠实客户，以及可能流失的客户数据，从而根据不同的客户类型制订出不同的个性化服务方案，最大限度地满足客户的消费需求，提高客户忠诚度。

5. 制定健全的风险预警机制

企业利用数据挖掘技术，可通过对企业的业务环境进行合理分析，有效地识别企业潜在的风险源，并及时制定风险预防与控制措施，为企业制定一套健全的风险预警机制。

6. 维护合作双方的利益

企业利用数据挖掘技术，可及时对合作企业经营动态进行了解，并分析出合作双方共同的竞争企业的薄弱业务领域，合理利用双方的资源，共同制定有效的竞争战略，从而维护合作双方的利益，实现双方利润的最大化。

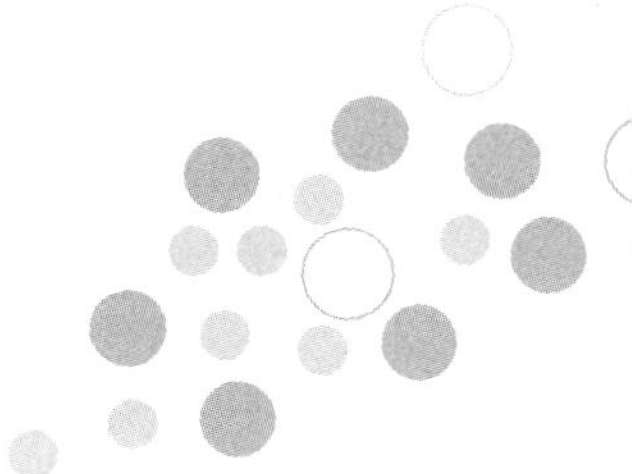

第四章　电子商务安全

第一节　电子商务安全概述

随着计算机网络技术的不断发展和互联网的普及，电子商务正在各行各业得到越来越广泛的应用。由于电子商务是在虚拟的网络市场上开展的，贸易双方不能像传统商务活动那样面对面进行交易，加之互联网本身具有开放性，电子商务安全问题是制约电子商务发展的重要因素。

一、电子商务安全的概念

国际标准化组织（ISO）对计算机系统安全的定义是：为数据处理系统建立和采取的技术上和管理上的安全保护，保护计算机硬件、软件和数据不因偶然和恶意的原因遭到破坏、更改和泄露。我国公安部对计算机安全的定义是：指计算机资产安全，即计算机信息系统资源和信息资源不受自然和人为有害因素的威胁和危害。由此，可以将计算机网络安全理解为：通过采用各种技术和管理措施，使网络系统正常运行，从而确保网络数据的可用性、完整性和保密性，可以分为网络设备安全、网络信息安全、网络软件安全。

电子商务作为依托互联网开展的商务活动，自然离不开计算机网络，因此电子商务安全从整体上来说，可分为两大部分：计算机网络安全和商务交易过程安全。计算机网络安全内容包括计算机网络设备安全、计算机网络传输设备安全、计算机网络系统安全、数据库安全等，其特征是以保证计算机网络自身的安全性为目标，实施网络安全增强方案。商务交易过程安全则紧紧围绕商务活动在互联网上应用时产生的各种安全问题。因此，商务交易过程安全是在计算机网络安全的基础上保障商务交易过程的顺利进行，实现电子商务交易信息的完整性，使电子商务交易过程信息不可篡改、不可伪造和不可抵赖。

二、电子商务安全问题

传统的交易是面对面的，比较容易建立交易双方的信任关系及保证交易过程的安全性。而电子商务活动中的交易行为是通过网络进行的，买卖双方互不见面，因而缺乏传统交易中的信任感和安全感。任何个人、企业、商业机构及银行都不会通过一个不安全的网络进行商务交易，否则会导致商业机密信息或个人隐私泄露，进而遭受巨大的利益损失。中国互联网络信息中心调查显示，在电子商务方面，大多数用户最关心的是交易的安全可靠性。由此可见，电子商务中的网络安全和交易安全问题是实现电子商务的关键所在。

近年来电子商务迅速发展并已初具规模，呈现出大规模、跨行业、跨组织的发展趋势。但其发展也正面临着诸多瓶颈性问题，安全问题首当其冲，突出体现在以下几个方面。

（一）电子交易中的安全问题

1. 销售者面临的安全问题

非法用户假冒合法消费者改变用户交易数据（如商品送达地址、时间等），解除用户订单，生成虚假订单；恶意竞争订购产品，假冒他人损坏公司信誉，网络上使用信用卡进行支付时恶意透支或使用伪造的信用卡骗取卖方的货物行为；对于集团购买者来说，存在拖延货款的可能，卖方需要为此承担安全风险。

2. 购买者面临的威胁

虚假订单，冒充者以客户的名义购买商品，客户收到商品时却被要求付款或返还商品；订单被修改，客户付款后不能按时、按地、按量、按质收到商品；机密信息丢失，客户有可能将自己的机密数据或个人的身份数据（如账号、口令等）发送给冒充的商家机构，造成个人经济的损失。

3. 交易双方面临的威胁

买卖双方都有可能会抵赖曾经发生过的交易。发信者否认曾经发过某些信息，收信者否认曾收过这些信息或相关内容；购买者下了订单却不承认，等等。

（二）网络系统安全问题

电子商务的“四流”中以信息流为核心，电子商务正是通过信息流来带动资金流、物流等的完成。电子商务与传统商务最重要的区别就是以计算机网络来传递信息，促进信息流的完成。计算机网络的安全必将影响电子商务中信息流的传递，从而影响电子商务的正常开展。计算机网络存在以下安全威胁。

1. 物理实体的安全问题

物理实体的安全问题主要包括计算机、通信设备等的机能失常、电源故障，电磁泄漏引起的信息失密、搭线窃听，自然灾害等带来的安全威胁。

2. 计算机软件系统的安全漏洞

不论采用什么操作系统，在默认安装的条件下都会存在一些安全问题，网络软件的漏洞和“后门”是进行网络攻击的首选目标。只有专门针对操作系统的安全性进行相关的、严格的安全配置，才能达到一定的安全程度。

3. TCP / IP 的安全缺陷

网络服务一般都是通过各种各样的协议完成的，因此网络协议的安全性是网络安全的一个重要方面。如果网络通信协议存在安全上的缺陷，那么攻击者就有可能不必攻破密码体制即可获得所需要的信息或服务。值得注意的是，TCP / IP 最初是为内部网设计的，主要考虑网络互联互通的问题，没有考虑到安全威胁的问题。

4. 黑客的恶意攻击

以网络瘫痪为目标的袭击效果比任何传统的恐怖主义和战争方式都来得更强烈，破坏性更大，造成危害的速度更快、范围也更广，而袭击者本身的风险却非常小。甚至它可以在袭击开始前就已经消失得无影无踪，使对方没有实施打击的可能。

5. 计算机病毒的危害

计算机病毒是网络安全威胁的主要因素之一，目前全球出现的数万种病毒按照基本类型划分，可分为引导型病毒、可执行文件病毒、宏病毒、混合病毒、特洛伊木马和互联网语言病毒六种类型。

6. 安全产品使用不当

虽然不少网站采用了一些网络安全设备，但由于安全产品本身的问题或使用问题，这些产品并没有起到应有的作用。很多厂商的安全产品对配置人员的技术背景要求很高，就算是厂商在最初给用户做了正确的安装、配置，但一旦系统改动，需要改动相关安全新产品的设置时，就很容易产生许多安全问题。

（三）电子商务的管理还不够规范

电子商务的发展给传统贸易带来了巨大的冲击，带动了经济结构的变革，电子商务给世界带来全新的商务规则和销售方式，这要求在管理上要做到科学、规范。政府应积极介入依存于网络的电子商务管理，促进网络健康稳定地发展，制约网络上的违法行为。

电子商务交易平台也是非常重要的，网络交易平台直接面向消费者，是电子商务的门面，内部经营管理体系则是完成电子商务活动的必备条件，它关系到业务最终能不能实现。一个完善的电子商务交易系统能体现一个电子商务公司的综合实力，它将最终决定提供给用户的是什么样的服务，决定电子商务的管理是否有效，决定电子商务公司最终能不能营利。

（四）电子支付问题

近年来电子商务快速发展，为了完成电子商务交易，不同的现金支付工具，如信用卡、电子收费等不断出现。然而，正是信用卡成了影响电子商务进一步发展的主要障碍。信用卡欺诈问题一直困扰着商家和消费者，并且愈演愈烈。

银行和电子技术专家没有对电子银行和电子商务的网络标准达成完全一致的观点，但他们都认识到存在于虚拟空间的网络标准是和金融交易存在着联系的。

钱以电子化的方式在网上传播，使黑客有机可乘，钱易被他们截取而放入自己的账户中或从事其他犯罪活动。

（五）电子合同的法律问题

在电子商务活动中，传统商务交易中所采取的书面合同已经不适用了。一方面，电子合同存在容易编造、难以证明其真实性和有效性的问题；另一方面，现有的法律制度尚未对电子合同的数字化印章和签名的法律效力进行规范。信息网络中的信息具有不稳定性或易变性，这就造成了信息网络发生侵权行为时，锁定侵权证据或者获取侵权证据难度极大，给解决侵权纠纷带来了较大的障碍。如何保证在网络环境下信息的稳定性、真实性和有效性，是有效解决电子商务中侵权纠纷的重要因素。由于发展和完善网络需要解决的技术难题还有很多，因此需要完善法律解决交易中的纠纷。

（六）信用风险

信用风险主要来自三个方面。第一，来自买方的信用风险。对于个人消费者来说，可能在网络上使用信用卡进行支付时产生恶意透支，或使用伪造的信用卡骗取卖方的货物；对于集团购买者来说，存在拖延货款的可能，卖方需要为此承担风险。第二，来自卖方的信用风险。卖方不能按质、按量、按时寄送消费者购买的货物，或者不能完全履行与集团购买者签订的合同，造成买方的风险。第三，买卖双方都存在抵赖的情况。传统交易中，交易双方可以直接面对面交流，信用风险比较容易控制。网上交易时物流与资金流在空间上和时间上是分离的，因此，如果没有信用保证，网上交易是很难进行的。再加上网上交易一般是跨越时空的，交易双方很难面对面交流，信用的风险就很难控制。这就要求网上交易双方必须有良好的信用，而且有一套有效的信用机制降低信用风险。

（七）信息传输风险

信息传输风险是指进行网上交易时，因传输的信息失真或者信息被非法窃取、篡改和丢失而导致网上交易的不必要的损失。从技术上看，网上交易的信息传输风险主要来自以下五个方面。

1. 冒名偷窃

如黑客为了获取重要的商业秘密、资源和信息，常采用源 IP 地址欺骗攻击。

2. 篡改数据

攻击者未经授权进入网络交易系统，使用非法手段删除、修改、重发某些重要信息，破坏数据的完整性，损害他人的经济利益，或干扰对方的正确决策，造成网上交易的信息传输风险。

3. 信息丢失

交易信息的丢失可能有三种情况：一是因为线路问题造成信息丢失，二是因为安全措施不当而丢失信息，三是在不同的操作平台上转换操作不当而丢失信息。

4. 信息传递过程中的破坏

信息在网络上传递时，要经过多个环节和渠道。由于计算机技术发展迅速，原有的病毒防范技术、加密技术、防火墙技术等始终存在被新技术攻击的可能。计算机病毒的侵袭、黑客非法侵入、线路窃听等很容易使重要数据在传递过程中泄露，威胁电子商务交易的安全。此外，各种外界的物理性干扰，如通信线路质量较差、地理位置复杂、自然灾害等，都可能影响到数据的真实性和完整性。

5. 虚假信息

从买卖双方自身的角度观察，网上交易中的信息传输风险还可能源于用户以合法身份进入系统后，买卖双方都可能在网上发布虚假的供求信息，或以过期的信息冒充现在的信息，以骗取对方的钱款或货物。

传统交易中的信息传递和保存主要通过有形的单证进行，信息接触面比较窄，容易保护和控制。即使在信息传递过程中出现丢失、篡改等情况，也可以通过留下的痕迹查找出现偏差的原因。而在网上传递的信息，是在开放的网络上进行的，信息的接触面比较广，而且信息被篡改时可以不留下痕迹，因此，网上交易时面临的信息传输风险比传统交易更大。

三、电子商务对安全的基本要求

电子商务是浏览器技术、数据库技术、各种编程语言不断发展而产生的实际应用之一，是贸易的新形式，它建立起全新的交易渠道，甚至改变了人们的生活方式。电子商务是指通过网络技术，交易各方可以突破时间、空间限制进行产品及服务交易的贸易形式，包括询价、报价、支付、物流管理等各个环节均通过网络进行。由于互联网是基于开放性架构的，其本身具有开放性，同时，随着信息通信技术的发展，各种新技术、新设备层出不穷，使电子商务面临各种安全问题。为真正建设一个安全的电子商务系统，保证交易活动的安全开展，电子商务安全应该满足以下几个基本要求。

（一）保密性

保密性是指信息在网络传输或存储的过程中不被他人窃取、泄露，也就是未经授权的人或组织不能够获取信息，同时如果信息经过加密，也无法了解其内容。在我们日常的商贸活动中，一般都是通过面对面或者电话的形式交换，抑或是通过邮寄封装的信件或可靠的通信渠道发送具有商业信息的报文，从而达到保守商业秘密的目的。而电子商务是建立在一个开放的网络环境下，当交易双方通过互联网交换信息时，如果不采取适当的保密措施，那么其他人就有可能知道他们的交流内容；另外，存储在网络上的文件信息如果不加密的话，也有可能被黑客窃取。上述种种情况都有可能造成敏感的商业信息的泄露，导致商业上的巨大损失。

（二）完整性

信息的完整性是指数据在传输或存储过程中不会受到非法修改、删除或重放，以确保信息的顺序完整性和内容完整性。电子商务简化了传统的贸易过程，减少了人为的干预，但却需要维护商业信息的完整性与一致性。因为数据输入时的意外差错或欺诈行为及数据传输过程中信息丢失、重复或传送的次序差异，都有可能导致贸易各方收到的信息不一致。信息的完整性将影响到贸易各方的交易与经营策略，保持这种完整性是电子商务应用的基础。数据的完整性可以通过安全散列函数（如数字摘要）与电子签名技术来实现。

（三）可靠性

电子商务系统的可靠性是指为防止计算机失效、程序错误、传输错误、硬件故障、系统软件错误、计算机病毒与自然灾害等所产生的潜在威胁，通过控制与预防等措施来确保系统安全可靠。电子商务系统的安全是保证数据传输与存储及电子商务完整性检查的基础。系统的可靠性可以通过网络安全技术来实现。

（四）不可否认性

交易的不可否认性是指保证发送方不能否认自己发送了信息，同时接收方也不能否认自己接收的信息。在传统的纸面贸易方式中，贸易双方通过在交易合同、契约等书面文件上签名，或是通过盖上印章来鉴别贸易伙伴，以确定合同、契约、交易的可靠性，并能预防可能的否认行为的发生。在电子商务的应用环境中，通过手写签名与印章鉴别已不可能，就需要其他方法实现交易的不可否认性。因此，电子商务交易的各方在进行数据信息传输时，必须带有自身特有的、无法被别人复制的信息以防发送方否认曾经发送过的信息，或接收方否认曾经接收到的信息，确保在交易发生纠纷时可以拿出证据。交易的不可否认性是通过电子签名技术来实现的。

（五）有效性

电子商务以电子信息取代纸张，保证电子信息贸易形式的有效是开展电子商务的前提。电子商务作为贸易的一种形式，交易的有效性是指商务活动中交易者身份是真实有效的，也就是要确定交易双方是真实存在的。其信息的有效性将直接关系到个人、企业或国家的经济利益和声誉。网上交易的双方可能相隔千里、素昧平生，进行成功交易的前提条件是要能确认对方的身份是否真实可信。因此，要对网络故障、操作错误、应用程序错误、硬件故障、系统软件错误及计算机病毒所产生的潜在威胁加以控制和预防；对于身份认证通常采用电子签名技术、数字证书来实现，以保证贸易数据在确定的时刻、确定的地点是真实有效的。

四、威胁网络安全的几种方式

影响网络安全的不法手段越来越多，如建立假冒网站或发送含有欺诈信息的电子邮件，盗取网上银行、网上证券或其他电子商务用户的账户密码，窃取用户资金等。

（一）发送电子邮件以虚假信息引诱用户中圈套

诈骗分子以垃圾邮件的形式大量发送欺诈性邮件，这些邮件多以中奖、顾问、对账等内容引诱用户在邮件中填入金融账号和密码，或是以各种紧迫的理由要求收件人登录某网页提交用户名、密码、身份证号、银行卡号等信息，继而盗窃用户资金。

（二）建立假冒网上银行、网上证券网站，骗取用户账号和密码实施盗窃

犯罪分子建立域名和网页内容与真正网上银行系统、网上证券交易平台极为相似的网站，引诱用户输入账号和密码等信息，进而通过真正的网上银行、网上证券系统或者伪造银行储蓄卡、证券交易卡盗窃资金；还有的利用跨站脚本，即利用合法网站服务器程序上的漏洞，在站点的某些网页中插入恶意 HTML 代码，屏蔽一些可以用来辨别网站真假的重要信息，利用 Cookies 窃取用户信息。

（三）利用虚假的电子商务进行诈骗

此类犯罪活动往往是建立电子商务网站或是在比较知名、大型的电子商务网站上发布虚假的商品销售信息，犯罪分子在收到消费者的购物汇款后就会销声匿迹。

（四）利用木马病毒和黑客技术等手段窃取用户信息后实施盗窃活动

木马制作者通过发送邮件或在网站中隐藏木马等方式大肆传播木马程序，当感染木马病毒的用户进行网上交易时，木马程序即以键盘记录的方式获取用户账号和密码，并发送给指定邮箱，从而使用户资金安全受到严重威胁。

（五）利用用户弱口令等漏洞破解，猜测用户账号和密码

不法分子利用部分用户贪图方便设置弱口令的漏洞，对银行卡密码进行破解。

五、网民的自我保护措施

针对以上不法分子通常采取的网络欺诈手法，广大网上电子金融、电子商务用户可采取如下防范措施。

第一，针对电子邮件欺诈，广大网民如收到有如下特点的邮件就要提高警惕，不要轻易打开和相信：一是伪造发件人信息，如 ABC@abcbank.com；二是问候语或开场白往往模仿被假冒单位的口吻和语气，如“亲爱的用户”；三是邮件内容多为传递紧迫的信息，如账户状态将影响到正常使用或宣称正在通过网站更新账号资料信息等；四是索取个人信息，要求用户提供密码、账号等信息。

第二，针对假冒网上银行、网上证券网站的情况，用户在进行网上交易时要注意做到以下几点：核对网址，保管好密码，做好交易记录，保管好数字证书，对异常动态提高警惕，通过正确的程序登录支付。

第三，针对虚假电子商务信息的情况，广大网民应掌握诈骗信息特点，在进行网络交易前，要对交易网站和交易方的资质进行全面的了解。

第四，尽量在不同场合使用有所区别的密码。牢记密码字符，如需记录则应妥善保管。密码不得告诉他人，包括自己的亲朋好友。在用户登录或网上支付密码输入时，应防止左右可疑人的窥视。预留密码时不要选用身份证号、生日等易被他人破译的数字。建议选用既不易被他人猜到，又方便记忆的数字。发现泄密的危险时，及时更换密码，而且不定期更换密码。

第五，不断增强网络安全与道德意识，培养良好的网络安全与道德素质，提高网上的自我约束能力和自我保护意识，自觉抵制网上的不良行为和信息；增强法律意识，能够使用电子商务的消费者权益保护法律条款来保护自己。

第六，其他网络安全防范措施有：安装防火墙和防病毒软件，并经常升级；注意经常给系统打补丁，堵塞软件漏洞；禁止浏览器运行 JavaScript 和 ActiveX 代码；不要执行从网上下载后未经杀毒处理的软件；提高自我保护意识，妥善保管自己的私人信息。

网民需加强自我保护意识，并非只有计算机技术高超者才会成为网络盗号的黑客。在实际发生的案件中，许多是由于互联网用户自我保护意识欠缺，给了盗号者可乘之机。近年来，各国政府、国际组织及IT业界的人士都非常重视电子商务的安全问题，从安全技术、电子商务安全管理和法律等多方面开展工作，使电子商务健康发展。

第二节　电子商务安全技术

相对于面对面的常规交易，人们对网上交易的安全性信心不足，主要原因如下：进行交易时消费者和商家不在同一个地方；消费者和商家的网上交易可以非同步进行；个人信用信息在传递过程中可能被他人偷窃、盗用；网络商店的真伪不好辨别，或网上商店、商务网站可能被黑客利用等。

因此，在运用电子商务模式进行交易时，电子商务的交易安全就成为关键所在，这也是电子商务得以顺利推行的保障。要想营造一种可以信赖的安全环境，提供电子商务技术上的安全保障至关重要。

一、加密技术

保证电子商务安全和口令安全的一个重要手段就是信息加密。信息加密技术是研究数据加密、解密及变换的科学，涉及数学、计算机科学、电子与通信诸多学科。其核心思想是既然网络本身不安全可靠，那么就要对重要的信息进行加密处理，确保其安全性。加密算法能将信息进行伪装，使任何未经授权的人都无法了解其内容。

加密技术是利用技术手段把原始信息变为乱码（加密）传送，到达目的地后再用相同或不同的手段还原（解密）信息。原始信息通常被称为“明文”，加密后的信息通常被称为“密文”。

加密技术涉及两个元素：算法和密钥。算法是将明文与一串字符（密钥）结合起来，进行加密运算后形成密文。密钥是在将明文转换为密文或将密文转换为明文的算法中输入的一串字符，可以是数字、字母、词汇或短语。加密技术包括三种类型：对称型加密技术、非对称型加密技术和混合型加密技术。

（一）对称型加密技术

对称型加密技术就是指加密密钥能够从解密密钥中推算出来，同时解密密钥也可以从加密密钥中推算出来。在大多数的对称算法中，加密密钥和解密密钥是相同的。

这种技术要求发送方和接收方在安全通信之前，商定一个密钥。这样发送方和接收方使用相同的密钥对信息进行加密和解密。

对称型加密技术由于双方拥有相同的密钥，具有易于实现和速度快的优点，所以广泛应用于通信和存储数据的加密和解密过程中。但是如果多个用户之间进行通信加密时，每一对用户必须使用一个密钥，这就意味着如果有 N 个用户相互通信需要使用对称型加密技术，就存在 N（N－1）/2 个不同的密钥才能保证双方安全收发密文，第三者无法了解他们所使用的密钥和密文内容，当 N 很大时，记住如此多的密钥是不可能的，而保存起来又会造成密钥泄露可能性的增加。另外，如何安全地将加密、解密所使用的密钥传送给对方，也是一个必须考虑的问题。因此，对称型加密技术的安全性依赖于密钥，泄露密钥就意味着任何人都可以对他们发送或接收的消息解密，所以对密钥的保密是通信安全至关重要的因素。

现阶段在电子商务中常用的对称加密算法有美国数据加密标准（DES）。DES 是对称的，既可用于加密，又可用于解密。它是一种典型的按分组方式工作的密码，是两种基本的加密组块替代和换位的细致而复杂的结构。它将明文按 64 位二进制数据进行分组，然后使用 64 位的密钥组进行加密，通过反复、依次应用组块替代和换位技术来提高加密技术的强度。明文要经过总共 16 次的替代和交换后，才能获得密文。解密时的过程和加密时相似，但密钥的顺序正好相反。

对于这种加密技术，除了使用穷举法尝试所有可能的密钥外，已知技术还无法求得所使用的密钥。DES 的安全性只依赖于密钥的安全性，不依赖于算法的安全性。

对称型密钥加密技术具有加密速度快、保密度高等优点，其缺点有如下几个。

第一，密钥是保密通信安全的关键，发信者必须安全妥善地把密钥护送到收信方，不能泄露其内容。如何才能把密钥安全地送到收信方，是对称型密钥加密技术的突出问题。可见，此方法的密钥分发过程十分复杂，所花代价高。

第二，多人通信时密钥组合的数量会出现爆炸式增长，使密钥分发更加复杂化，N 个人进行两两通信，需要的密钥数为 N（N－1）/2。

第三，通信双方必须统一密钥，才能发送保密的信息。如果发信者与收信人是素不相识的，就无法向对方发送秘密信息了。

（二）非对称型加密技术

非对称型加密技术，顾名思义，其采用的加密密钥和解密密钥是不同的，也不可以相互推算（至少在合理假定的时间内）。这种技术也可以称为公开密钥加密技术，之所以又称为公开密钥加密技术，是因为加密密钥可以公开，陌生人可以得到它并用来加密信息，但只有用相应的解密密钥才能解密信息。在这种加密技术中，加密密钥被称为公开密钥，而解密密钥被称为私有密钥。公开密钥和私有密钥成对出现，而且两个密钥之间存在数学关系；用一个密钥加密过的密文只能用对应的另一个密钥来解密，并且不能由一个密钥推算出另一个密钥。

这种技术要求发送方和接收方在安全通信之前，发送方通过网络查询或其他方式得到接收方的公开密钥；发送方使用公开密钥对明文进行加密得到密文；接收方收到密文后，用自己的私有密钥进行解密，恢复明文。非对称型加密技术可以使用户不必记忆大量的提前商定好的密钥，因为发送方和接收方事先根本不必商定密钥，发送方只要得到可靠的接收方的公开密钥就可以给他发送信息了。这样使密钥的管理更加简单，只需保管一对密钥就可以了。如果有 N 个用户相互通信需要使用非对称型加密技术时，只需 N 对密钥就可以保证双方收发密文，第三者无法了解密文内容。公开密钥的发送和保管十分方便，但为了保证可靠性，非对称型加密技术需要一种与之配合使用的公开密钥管理机制。例如，加大公开密钥的位数来增加可靠性等。所以使用非对称型加密技术对用户来讲，算法更为复杂，花费的时间长，速度比较慢。

现阶段在电子商务中常用的非对称型加密算法有 RSA 编码法，这种算法由发明者的姓名 Rivest、Shamir、Adelman 而得名。它是一个可以支持长密钥的公开密钥加密算法，利用两个很大的质数相乘所得的结果来加密。这两个质数无论哪一个先与原文件编码相乘对文件加密，均可由另一个质数再相乘来解密。但要用一个质数来求出另一个质数，则是十分困难的，因此将这一对质数称为密钥对。RSA 的安全性取决于从公开密钥计算出私有密钥的过程。

公开密钥加密技术的缺点是加密、解密速度慢，但它有如下优点。

第一，密钥少，便于管理。网络中的每个用户只需保存自己的解密密钥，则 N 个用户仅需产生 N 对密钥。

第二，密钥分配简单。加密密钥分发给用户，而解密密钥则由用户自己保管。

第三，不需要秘密的通道和复杂的协议来传送密钥。

第四，可以实现数字签名和数字鉴别。

（三）混合型加密技术

混合加密技术不是一种单一的加密技术，而是一个结合体，是上述两种数据加密技术相互结合的产物。通信双方的通信过程分为两步，双方先利用非对称加密技术传送本次通信所用的对称密钥，然后再用对称加密技术加密传送文件。

混合加密技术是用户在实际应用中总结出来的，它可以弥补对称型加密技术和非对称型加密技术的弱点，使二者优势互补，同时达到方便用户的目的。

二、防火墙技术

确保电子商务安全，首先要保证进行电子商务的网络平台是安全的，这个平台包括客户端网络环境、商家网络环境、银行内部网络及三者联系在一起的互联网，即大众互联网平台系统。防火墙技术是电子商务网络平台中重要的安全保护措施之一。

（一）防火墙的概念

防火墙是指两个网络之间执行访问控制策略（允许、拒绝和检测）的一系列部件的组合，包括计算机硬件和计算机软件。其目的是在安全的企业内部网和不安全的外部互联网之间构筑一道防护屏障，保护网络不受外部侵扰。它是在连接互联网和内部局域网之间实现安全保障最为有效的方法之一，也是目前在维护内部局域网安全的重要措施中应用最广泛的。防火墙通过记录通信状态、检查通信信息、监视通信过程，作出拒绝或允许信息通信等的正确判断，在此基础上，制定相应的安全策略，从而为局域网构建一个安全、稳定的环境，为电子商务的安全提供有力保障。

（二）防火墙的原理

采用防火墙技术可以对网络中的数据流进行控制。防火墙是一种将内部 Internet 网络与公用网络分开的方法，它实际上是一种隔离技术，控制着 Intranet 与 Internet 之间的所有数据量。

防火墙主要包括五个部分：安全操作系统、过滤器、网关、域名服务和 E-mail 处理。有的防火墙可能在网关两侧设置两个内外过滤器，外过滤器保护网关不受攻击，网关提供中继服务，辅助过滤器控制业务流；而内过滤器在网关被攻破后提供对内部网络的保护。防火墙本身必须建立在安全操作系统所提供的安全环境中，安全操作系统可以保护防火墙的代码和文件不受入侵者的攻击。防火墙有以下两个准则。

1. 一切未被允许的就是禁止的

基于该准则，防火墙应封锁所有信息流，然后对希望提供的服务逐项开放，这是一种非常实用的方法，可以营造一种十分安全的环境，因为只有经过仔细挑选的服务才被允许使用。其弊端是，安全性高于用户使用的方便性，用户所能使用的服务范围受限制。

2. 一切未被禁止的就是允许的

基于该准则，防火墙应转发所有信息流，然后逐项屏蔽可能有害的服务，这种方法构成了一种更为灵活的应用环境，可为用户提供更多的服务。其弊端是，在日益增多的网络服务面前，网管人员疲于奔命，特别是受保护的网络范围增大时，很难提供可靠的安全防护。

防火墙作为硬件和软件的连接，安置于公司网络的入口点（或公司网络与Internet相连接的入口点）。它负责监控进入公司网络的流量类型，并且决定是否允许一个数据包进入公司网络。所有的数据包必须经过防火墙的筛选，仅允许得到授权的数据包进入网络。

（三）基于防火墙的网络安全体系结构

基于防火墙的网络安全体系结构由筛选路由器、堡垒主机和双导向网关组成。

1. 筛选路由器

在专用网络和互联网之间插入一个路由器将它们分离开，这是最基本也是普遍使用的策略。路由器负责过滤所有通过的IP数据包，从而成为筛选过滤器。通过这个方式，防火墙可以阻止对机器或专用网络端口的连接。反之，也可以阻止一个内部的机器访问互联网，仅通过一个代理过滤器的连接就可以实现。但路由器无法控制应用层。我们可能想要允许一种类型的流量通过这个网关，而不是另一种，就可以在应用主机处进行管理。控制的机器越多，具有的控制权就越少。不管怎样，筛选路由器作为一个安全建立模块，是和其他工具相连接的、有用的工具。

2. 堡垒主机

堡垒主机是放置在安全和非安全网络之间的机器。在那里，IP转发被切断，也就意味着IP数据包不能通过这个机器。当路由被打断时，唯一可以到达双方网络的就是防御堡垒本身。因此，只有具备堡垒主机账号的使用者通过双重鉴定

（堡垒主机和远程主机），才可以使用网络两边的服务。这也存在一些缺点，堡垒主机可能会支持许多的用户，如果一个黑客能够获取一个用户的 ID，就能够模仿此用户进入专用网络。此外，同时支持大量的使用者也需要一个大型的机器，以提高响应速度。

3. 双导向网关

可以通过过滤的方法保护双导向网关免受外部的攻击。例如，如果禁止外部访问远程登录系统（Telnet）守护进程，就可以减少来自外部攻击的威胁。如果有一些机器在外部，但是又想连接到专用网络内部的主机，可以使用代理服务器限制其暴露程度，这可能需要用到智能卡鉴别技术。例如，应用到 Windows NT 中的 IBM Secure Way Firewall 已经成为类似于双导向网关的一种配置。双导向网关的进一步发展是使用介于筛选路由器和堡垒主机之间的子网作为应用服务的站点，这一技术正日益普及。该技术在为外部提供更为广泛的服务（如万维网服务）的同时，仍然对其内部的私有网络进行强有力的保护。这个网络由两个筛选路由器和一个或多个堡垒主机组成，这种解决方案的代价较大。

（四）防火墙的类型

防火墙总体上分为数据包过滤、应用级网关和代理服务等几大类型。

1. 数据包过滤

数据包过滤（Packet Filtering）技术是在网络层对数据包进行选择，选择的依据是系统内设置的过滤逻辑，被称为访问控制表（Access Control List）。该技术通过检查数据流中每个数据包的源地址、目的地址、所用端口号、协议状态等因素，或它们的组合来确定是否允许该数据包通过。数据包过滤防火墙逻辑简单、价格便宜，易于安装和使用，网络性能和透明性好，通常安装在路由器上。路由器是内部网络与互联网连接必不可少的设备，因此，在原有网络上增加这样的防火墙几乎不需要任何额外的费用。

数据包过滤防火墙有两个缺点：一是设计和配置一个真正安全的过滤规则比

较困难；二是数据包的源地址、目的地址及 IP 的端口号都在数据包的头部，很有可能被窃听或假冒。

2. 应用级网关

应用级网关（Application Level Gateways）是在网络应用层上建立协议过滤和转发功能的。它针对特定的网络应用服务协议使用指定的数据过滤逻辑，并在过滤的同时，对数据包进行必要的分析、登记和统计，形成报告。实际中的应用网关通常安装在专用工作站系统上。

数据包过滤和应用级网关防火墙有一个共同的特点，就是它们仅仅依靠特定的逻辑判定是否允许数据包通过。一旦满足逻辑，则与防火墙内外的计算机系统建立直接联系，防火墙外部的用户便有可能直接了解防火墙内部的网络结构和运行状态。

3. 代理服务

代理服务(Proxy Service)也称链路级网关(Circuit Level Gateways)或TCP通道，也有人将它归于应用级网关一类。它是针对数据包过滤和应用级网关技术存在的缺点而引入的防火墙技术，其特点是将所有跨越防火墙的网络通信链路分为两段。防火墙内部计算机系统间应用层的链接，由两个中介代理服务器上的链接来实现；外部计算机的网络链路只能到达代理服务器，从而起到了隔离防火墙内计算机系统的作用。此外，代理服务也会对过往的数据包进行分析、登记，形成报告，同时当发现被攻击迹象时会向网络管理员发出警报，并保留攻击痕迹。

这种类型的防火墙使用一个客户程序与特定的中间节点（即防火墙）连接，然后中间节点与服务器进行实际连接，这使内网与外网之间不存在直接连接，大大提高了网络的安全性。但是，这种防火墙在使用过程中会导致网络性能的明显下降，有一定的局限性。在具体应用上可以将这两类防火墙结合起来组成复合式防火墙，充分发挥各自的优势，进而满足对安全性要求更高的电子商务企业的需求。

（五）防火墙的作用

电子商务系统包括企业内部网和外部网，内部网在加强企业内部管理、方便企业内部信息交流、提高工作效率等方面起着重要的作用。但是 Intranet 与 Internet 连接后，如果不加限制，每一个互联网用户都可以访问企业内部网，黑客也能够轻而易举地侵入企业内部网，非法访问，破坏企业的内部信息资源。因此，在企业内部网与外部网之间设置一道安全屏障是非常重要的。

防火墙是在 Intranet 和 Internet 之间构筑的一道屏障（相当于家庭的防盗门），是一个用于加强内部网络与公共网络之间安全防范的系统，只有允许的通信信息才能通过防火墙。它起到内部网与外部网的隔离作用，可以限制外部用户对内部网络的访问和内部用户对外部的通信。它控制所有内部网与外部网之间的数据流通，防止企业内部信息流入 Internet；同时控制外部有害信息流入 Intranet。防火墙还能执行安全策略，记录可疑事件。

目前的防火墙技术已经发展到智能防火墙阶段。与传统防火墙相比，智能防火墙内外兼顾，它能够大大提升内部局域网的速度，阻止恶意病毒和木马对内部网的攻击。智能防火墙的防欺骗功能和 MAC 控制功能，能够有效地发现内部恶意流量，帮助管理员找到攻击来源，更好地保护电子商务的安全。

三、数字签名

数字签名是一个密文收发双方签字和确认的过程，所用的签署信息是签名者所专有、秘密和唯一的，而对于接收方检验签署所用的信息和程序则是公开的。数字签名实现的原理如下：被发送文件用 SHA（安全散列算法）编码加密产生128 比特数字摘要；发送方用自己的私用密钥（可用单密钥体制，也可用双密钥体制）再对摘要进行加密，从而形成数字签名；将原文和加密的摘要同时传送给接收方；接收方利用发送方的公共密钥对摘要进行解密，同时对收到的文件再用 SHA 编码加密产生一个新的摘要；接收方将解密后的摘要和自己重新产生的摘要进行对比，如果两者一致，则说明传送过程中信息没有被破坏或被篡改过，否则接收方就应引起注意。

在运用数字签名技术时，首先是发送者对信息施以数学变换，使所得的信息与原信息唯一对应；然后接收者进行逆变换，得到原始信息。只要数学变换方法优良，变换后的信息在传输过程中就能被保证安全，信息就难以被破译、篡改。

采用数字签名技术，能够确认以下两点。

第一，信息是由签名者自己签名后发送的，签名者不能否认或难以否认。

第二，信息自签发后到收到为止没有进行任何修改，签发的文件是真实的。

数字签名的具体做法如下。

第一，将报文按双方约定的SHA算法计算，得到一个固定位数的报文摘要。在数学上保证只要改动报文中的任何一位数，重新计算出的报文摘要值会与原来的值不相符，这样就保证了报文的不可更改性。

第二，将该报文摘要值用发送者的私有密钥加密，然后连同原报文一起发送给接收者，这样产生的报文就是数字签名。

第三，接收者收到数字签名后，用同样的SHA算法计算报文摘要值，然后与用发送者的公开密钥进行解密得到的报文摘要值进行对比，如果相等，则说明报文的确是来自所称的发送者。

数字签名可以解决信息的否认、伪造、篡改及冒充等问题。发送者事后不能否认所发送的报文签名，接收者能够核实发送者发送的报文签名，接收者不能伪造发送者的报文签名，接收者不能篡改发送者发送的报文，网络中的用户不能冒充他人作为发送者或接收者，数字签名在保障电子数据交换的安全性上是一个突破性的进展，应用范围十分广泛。凡需要对用户的身份进行判断的情况都可以使用数字签名，如加密信件、商务信函、订货购买系统、远程金融交易、自动模式处理等。

四、数字时间戳

在传统交易中，交易合同上的签名和时间都十分重要。同样，时间在电子商务交易文件中也是一个重要的信息，常采用数字时间戳对电子商务交易文件中的日期和时间信息进行保护。

（一）数字时间戳概述

数字时间戳（DTS）是网上电子商务安全服务项目之一，能提供电子文件的日期和时间信息安全保护，由专门的机构负责。

数字时间戳用来证明信息的收发时间，它是一个经加密后形成的凭证文档，包括需要加盖时间戳的文件的摘要、DTS 收到文件的日期和时间、DTS 的数字签名三个部分。

（二）数字时间戳的产生过程

一般来说，数字时间戳产生的过程如下：首先，用户将需要加时间戳的文件用 SHA 编码加密形成数字摘要；其次，将该摘要发送到 DTS，由 DTS 在收到的文件摘要上加入日期和时间信息后对该文件加密（数字签名）；最后发送给用户。书面签署文件的时间是由签署人自己写上的，而数字时间戳则不然，它是由认证单位 DTS 来加的，并以 DTS 收到文件的时间为依据。因此，时间戳也可作为科学发明文献的时间佐证。

五、数字信封

数字信封也称电子信封，是数据加密技术的又一类应用。每当发信方需要发送信息时，首先生成一个对称密钥（会话密钥），用这个对称密钥加密所需发送的报文；其次用收信方的公钥加密这个对称密钥，连同加密的报文一同发送给收信方。收信方先使用自己的私钥解密被加密的对称密钥，再用该对称密钥解密出真正的报文。

六、认证技术

防止信息被篡改、删除、重放和伪造的有效解决方法是让发送的信息有被验证的可能，使信息接收者或第三者能识别和确认信息的真伪，能够实现这项功能的保密系统称为认证系统。

信息的认证和保密是不同的。保密是使信息截获者在不知密钥的条件下不能解读密文内容；而认证是使任何不知密钥的人不能构造一个密文，使意定的接收者利用密钥将密文解密成一种可理解的信息（合法信息）。认证理论和技术在近年随着计算机通信的普及应用得到了迅速的发展，成为保密学研究的一个重要领域。

认证技术主要包括身份认证（也叫用户认证）、消息认证和认证机构认证三种方式。身份认证用于鉴别用户的身份是否合法；消息认证可用于验证所收到的消息确实来自真正的发送方且未被修改（即完整性），也可以用于验证消息的顺序性和及时性；认证机构认证可用于对买卖双方身份的认证，是保障网络交易安全的重要措施。

（一）身份认证

在进行交易时，一方向对方提交一个由“认证中心”签发的包含个人身份的证书，使对方相信自己的身份，即数字证书。在网上的电子交易中，如双方出示了各自的数字凭证，并用它来进行交易操作，那么双方都可以不必为对方身份的真伪担心。数字凭证可用于电子邮件、电子商务、群件、电子基金转移等。

另外，在双方通信时，通过出示由某个认证中心（CA）签发的证书来证明自己的身份，如果对签发证书的 CA 本身不信任，则可验证“认证中心”的身份。以此类推，一直到公认的权威 CA 处，就可确信证书的有效性，SET（安全电子交易）证书正是通过信任层次来逐级验证的。每一个证书与数字化签发证书的实体的签名证书关联。沿着信任一直到一个公认的信任组织，就可以确认该证书是有效的。身份认证基本可分为身份证实和身份识别两大类。

1. 身份证实

身份证实是指对个人身份进行肯定或否定。身份证实的通常方法是将输入的个人信息（经公式和算法运算所得的结果）与卡上或库存中的信息（经公式和算法运算所得的结果）进行比较，从而得出结论。

2. 身份识别

身份识别的一般方法是输入个人信息，经处理后提取成模板信息，试着在存储数据库中搜寻出一个与之匹配的模板，而后得出结论，如确定某犯罪嫌疑人是否有前科的指纹检验系统。身份识别比身份证实困难，这是显而易见的。

（二）消息认证

消息认证是指验证消息的完整性，当接收方收到发送方的报文时，接收方能够验证收到的报文是真实的和未被篡改的。消息认证常用的方法就是消息摘要，即发送方在发送的消息中附加一个鉴别码，并经加密后发送给接收方。接收方利用约定的算法对解密后的消息进行鉴别运算，将得到的鉴别码与收到的鉴别码进行比较，若二者相等，则接收；否则拒绝接收。

消息认证可分为基于公钥体制的信息认证和加入数字签名的验证两大类。

1. 基于公钥体制的信息认证

由于基于公钥体制的算法速度很慢，因此其不太适合对文件加密，只适合对少量数据加密。在 Windows NT 安全性体系结构中，公开密钥系统主要用于私有密钥的加密过程。每位用户要对数据进行加密，都需要生成一对自己的密钥对。密钥对中的公开密钥和非对称加密、解密算法是公开的，只有私有密钥由密钥的主人妥善保管。

2. 加入数字签名的验证

除对文件加密外，还需要采取另外的手段来防止他人破坏传输的文件，以及确定发信人的身份。因此，要加入数字签名及验证才能真正实现信息在公开网络上安全传输。

例如，第三者冒充发送者发了一个文件，因为接收者在对数字签名进行解密时使用的是发送者的公开密钥，只要第三者不知道发送者的私有密钥，那么解密出来的数字签名必然与真正的不同，这就提供了一个安全确认发送者身份的方法。

七、安全协议

近年来，金融业界与IT业界针对电子商务的安全需求做出了快速响应，共同推出了多种安全协议和整体安全解决方案。在电子商务领域，目前有两种安全认证协议被广泛使用，即SSL协议和SET协议。

（一）安全套接层（SSL）协议

1. SSL协议的概念

安全套接层（SSL）协议是网景公司提出的基于Web应用的安全协议，主要用于提高应用程序之间的数据安全系数，包括服务器认证、客户认证（可选）、SSL链路上的数据完整性和SSL链路上的数据保密性。在电子商务活动中，应用SSL协议可保证信息的真实性、完整性和保密性。由于SSL协议没有对应用层的消息进行数字签名，因此无法提供交易的不可否认性，这是SSL协议的最大缺点。鉴于此，网景公司在从Communicator 4.04版开始的所有浏览器中引入了一种被称作表单签名（form signing）的功能。在电子商务活动中，可利用表单签名功能对包含购买者的订购信息和付款指令的表单进行数字签名，以保证交易信息的不可否认性。从总体来看，电子商务活动仅靠SSL协议保证交易安全是不够的，采取"SSL+表单签名"模式才能提供更好的安全性保证。

SSL协议是保证任何安装了安全套接层的客户和服务器间事务安全的协议，该协议向基于TCP / IP的客户 / 服务器应用程序提供了客户端和服务器的鉴别、数据完整性及信息机密性等安全措施，目的是为用户提供与企业内联网相连接的安全通信服务。

在传统的交易中，如邮购，客户先寻找商品信息，然后通过邮局汇款给商家，商家在收到汇款后将商品寄给客户，这种方式意在确保商家是可以信赖的。在电子商务发展的初期，由于缺乏相关担保，商家担心客户下订单后不付款，或使用过期作废的信用卡，因而他们希望银行予以认证，SSL协议正是在这种背景下应用于电子商务的。

2. SSL 协议的运行

SSL 协议包含两层协议，分别为 SSL 记录协议和 SSL 握手协议。SSL 记录协议规定了记录头和记录数据格式；SSL 握手协议建立和加密通信信道，并对客户认证。SSL 协议采用了公开密钥和私有密钥两种加密形式，在建立连接过程中采用公开密钥，在会话过程中使用私有密钥。加密的类型和强度则在两端之间建立连接的过程中加以判断、决定，这种加密保证了客户和服务器间事务的安全性。

SSL 协议的运行主要包括以下六个阶段。

第一，建立连接阶段。客户通过网络向服务商发出信号，服务商回应。

第二，交换密码阶段。客户与服务商之间交换双方认可的密码。

第三，会谈密码阶段。客户与服务商之间产生彼此会谈的密码。

第四，检验阶段。检验服务商取得的密码。

第五，客户认证阶段。验证客户的可信度。

第六，结束阶段。客户与服务商之间相互交换结束信息。

完成上述流程后，客户与服务商之间的资料传输就以对方公钥进行加密后再传输，另一方在收到资料后以私钥解密。即使不法分子在网上取得加密的资料，如果没有解密密钥，也无法看到可读的资料。

在电子商务交易过程中，由于有银行的参与，按照 SSL 协议，客户购买的信息被发往商家，商家将信息转发至银行，银行在验证客户信息的合法性后通知商家付款成功，商家通知客户购买成功并发货。

3. SSL 协议提供的安全服务

SSL 协议提供了以下三种基本的安全服务。

（1）加密处理

SSL 协议所采用的加密技术既有对称密钥技术，又有公开密钥技术。具体的流程是客户端与服务器在交换数据前交换 SSL 初始握手信息，在 SSL 初始握手信息中采用各种加密技术对其加密，以保证信息的机密性和数据的完整性，并且用数字证书进行鉴别。加密处理可以防止非法用户使用工具进行窃听，即使非法用户截取到通信内容，也无法破译。

（2）保证信息的完整性

SSL 协议采用 Hash 函数和机密共享的方法确保信息的完整性，使客户端与服务器之间建立安全通道，保证所有经过 SSL 协议处理的业务都准确无误地到达目的地。

（3）提供较完善的认证服务

客户端和服务器都有各自的识别号，这些识别号由公开密钥进行编号。为了验证客户是否合法，SSL 协议要求客户端和服务器在握手交换数据前进行数字认证。

从 SSL 协议的过程中可以看出，该协议有利于商家而不利于客户。客户的信息先传到商家，经商家阅读后再传到银行，这样就威胁到客户资料的安全性。商家对客户进行认证是无可厚非的，但这个过程缺乏客户对商家的认证。在电子商务交易中，随着参与商家的数量迅速增加，加之质量参差不齐，对商家的认证问题会更加突出，从而暴露出 SSL 协议的缺点：只能保证资料传递过程的安全，而无法保证传递过程是否有人截取资料。因此，SSL 协议并没有实现电子支付所要求的保密性和完整性，而且多方互相认证也是很困难的。

（二）安全电子交易（SET）协议

随着电子商务的发展，出现了这样的需求：消费者发出的支付指令在由商家送到支付网关之前是在公用网上传送的，这与持卡 POS 机客户有着本质的区别，因为支付指令从商家 POS 机到银行的传送使用的是专线。因此，需要考虑公用网上支付信息的安全性。

SET 协议采用公钥密码体制和 X.509 数字证书标准，主要用于保障网上购物信息的安全性。由于它提供了消费者、商家和银行之间的认证，确保了交易数据的安全性、完整可靠性和不可否认性，特别是保证商家看不见消费者的银行卡号，因此成为目前公认的银行卡网上交易的国际安全标准。

1. SET 协议的概念

安全电子交易（SET）协议于 1997 年推出，该协议主要是为了实现更加完善的即时电子支付。安全电子交易协议是 B2C 基于信用卡支付模式而设计的，它在保留对客户信用卡认证的前提下，增加了对商家身份的认证；凸显客户、商家、银行之间通过信用卡交易的数据完整性和不可抵赖性等优点。

SET 协议能在电子交易环节提供更大的信任度、更完整的交易信息、更高的安全性和更少受欺诈的可能性。它支持 B2C 电子商务模式，即消费者持卡在网上购物与交易的模式。SET 协议的交易分为以下 3 个阶段。

（1）购买请求阶段

在购买请求阶段，消费者与商家确定所要支付方式的细节。

（2）支付认定阶段

在支付认定阶段，商家会与银行核实，随着交易的进展，他们将得到付款。

（3）收款阶段

在收款阶段，商家向银行出示所有的交易细节，然后银行以适当方式转移货款。

消费者只涉及第一阶段，银行涉及第二阶段和第三阶段，而商家在三个阶段中都有参与。每个阶段都涉及用 RSA 对数据加密，以及用 RSA 进行数字签名。在 SET 协议下的交易中要完成多次加密与解密操作，因此要求商家的服务器具有较强的处理能力。

2. SET 协议的作用

SET 协议的作用主要体现在以下五个方面。

第一，保证信息在互联网上安全传输，防止网上传输的数据被黑客和内部人员窃取。

第二，保证电子商务参与者的信息相互隔离，商家看不到消费者的账户和密码。

第三，完成多方认证，不仅要进行消费者的信用卡认证，还要进行在线商家认证，以及消费者、商家和银行间的相互认证。

第四，保证网上交易的实时性，确保实时在线进行支付。

第五，规范协议和消息格式，促进各商家开发出具有兼容性和互操作性，且可运行在不同的硬件和操作系统平台上的软件。

3. SET 协议的运行

电子商务的流程类似于传统商务，消费者参与进来基本没有障碍。从消费者通过网页进入在线商店开始，一直到所订购的物品送货上门或购买的服务完成，以及账户上的资金转移，这些活动都是在网上完成的。保证网上传输数据的安全及交易双方的身份确认是电子商务得到推广的关键，也是 SET 协议要解决的最主要问题。

基于 SET 协议的处理流程可以分为以下九个步骤。

第一，消费者向商家发出购买初始化请求，包括消费者的信息和证书。

第二，商家在接收到请求后验证消费者的身份，将商家和支付网关的有关信息与证书生成回复消息并发给消费者。

第三，消费者在接收到消息后验证商家和支付网关的身份。然后，消费者利用自己的支付信息（包括账户信息）生成购买请求消息并发送给商家。

第四，商家在接收到消息后，连同自己的信息生成授权请求消息，发给支付网关，请求支付网关授权该交易。

第五，支付网关在接收到消息后取出支付信息，通过银行内部网络连接收单银行和发卡银行，对该交易进行授权。授权完成后，支付网关产生授权响应消息并发给商家。

第六，商家向消费者发送交易订单已确认的信息。

第七，消费者在接收到消息后，向支付网关发出转账请求消息，请求进行转账。

第八，支付网关在接收到消息后，通过银行内部网络连接收单银行和发卡银行，将资金从消费者账户转到商家账户，然后向商家发出消息。

第九，商家接收到消息后，知道已经完成转账，然后发送消息给消费者接收到消息，知道该交易已经完成。

4. SET 协议的优缺点

相对而言，SET 协议有以下三方面的优点。

第一，SET 协议为商家提供保护手段，使商家免受欺诈的困扰。

第二，对消费者而言，SET 协议保证了商家的合法性，并且消费者的信用卡号不会被窃取，保护消费者，从而使消费者在线上购物时更加轻松。

第三，银行和发卡机构及各种信用卡组织推荐 SET 协议，因为 SET 协议帮助他们将业务扩展到了互联网这个广阔的空间，从而减少信用卡网上支付的欺骗概率，这使它比其他支付方式具有更大的竞争优势。

SET 协议虽然更加完善和严谨，但其缺点是协议过于复杂，开发和使用都比较麻烦，运行速度慢。

（三）SET 协议与 SSL 协议的比较

从实际来看，SET 协议和 SSL 协议除了采用相同的公钥算法以外，在其他技术方面都不一样。

SET 协议是一个多方的消息报文协议，它定义了银行、商家、持卡人之间必需的报文规范；而 SSL 协议只是简单地在两方之间建立了一个安全连接。SSL 协议是面向连接的，而 SET 协议允许各方之间的报文交换不是实时的。SET 报文能够在银行内部网络或者其他网络上传输，而基于 SSL 协议之上的支付卡系统只能与 Web 浏览器捆绑在一起。

此外，SSL 协议和 SET 协议在网络各层的位置与功能并不相同。SSL 协议是基于传输层的通用安全协议，它只占电子商务体系中的一部分，可看作用于传输的那部分技术规范，并不具备电子商务的商务性、服务性、协调性和集成性。而

SET 协议位于应用层，对网络上其他各层也有涉及。SET 协议规范了整个商务的活动流程，从信用卡持卡人到商家到支付网关到认证中心及信用卡结算中心之间的信息流向，以及对必须参与的加密、认证都制定了严密的标准，最大限度地保证了电子商务的商务性、服务性、协调性和集成性。

第三节 电子商务安全管理

保障电子商务的安全不仅包括技术手段的安全性，更重要的是管理方面的问题。从以往的案例来看，出现安全问题大多数情况都有管理的责任。安全管理是一项系统工程，不仅涉及企业的组织架构、信息技术、人员素质等各个方面，还牵扯到国家法律和商业规则。

一、电子商务安全管理现状

（一）电子商务的法制安全现状分析

由于电子商务发展的时间不长，现有法律条例对电子商务的约束性较小，立法偏于概括，概念规范狭窄，法律规范方面的不成熟使电脑犯罪者有机可乘，且网络具有虚幻性，使有关计算机犯罪证据的搜集工作面临困境，这主要体现在以下四个方面。

1. 犯罪者身份难以确定

由于网上交易双方（或多方）无法面对面交易，信息通过网络传递，并且犯罪者在入侵过程中，会千方百计地隐藏他们的行为和地址，于是对方身份的真实性和合法性都无法完全确认。

2. 缺乏法律依据

电子合同的签订和履行均是在计算机互联网的网络空间进行的，所以它有合同签订的无纸化和合同履行的无形化的特点。键盘的敲击代替纸和笔的书写，就缺乏法律效力，数字货币、电子钱包、网上银行、电子票据的交割代替了传统货币、票据的现实支付功能，这些网络数字信息的传递不能为法律的执行提供有利的书面依据。

3. 相关法律制裁不严

在全国乃至全球网络犯罪的案件中，由于证据不足等因素导致胜诉的比例相对较低。况且即使胜诉，法律的处罚程度也较轻，不足以威慑犯罪分子，从而导致了利用计算机网络犯罪的案件数量逐年递增，犯罪金额也越来越大。

4. 企业的包庇

全球有许多大企业遭到网络黑客攻击，但这些企业不愿因自己企业的信息系统安全问题受到新闻媒体的关注而导致客户对企业信誉度的怀疑，影响企业经济运营，从而采取内部解决的办法，拒绝用法律手段处理计算机犯罪的问题。

（二）企业内部管理现状分析

在信用卡和商业诈骗案件中，内部人员所占比例最大，这是因为管理疏漏，重要的数据储存缺乏防病毒、身份认证和审计等安全手段，内部员工可以随便访问。很多企业通过路由器的规则和口令来限制对敏感信息的访问，但是通过路由器的规则而实现的静态安全管理对入侵检测是无用的，口令也是不安全的。

二、电子商务安全管理对策和建议

确保整个商务活动过程的安全性，使电子商务活动和传统的商务活动一样可靠是商家和用户共同关心的焦点，也是电子商务能够全面健康发展的关键。改变IT 系统不等于改变企业的信息安全管理，要使企业信息尽可能安全，必须在技术投入的基础上融入人在管理方面的智慧；同时，不仅要防外，更要防内，即对组织内部人员的管理。信息安全问题的解决需要技术，但又不能单纯依靠技术。整个电子商务的交易过程，是人与技术相互融合的过程，如何使管理与技术相得益彰十分重要。“三分技术，七分管理”阐述了信息安全的本质。

（一）建立良好的法律环境

良好的法律环境是电子商务健康发展的保障，逐步建立健全适应电子商务健康发展的法律制度，对促进我国经济发展和实现国际经济合作有重要意义。电子商务所涉及的法律问题已成为一个需要进行广泛国际合作的问题。电子商务是一个虚拟市场交换，是一种动态商务活动，就免不了各种纠纷。在这种合作经济方式下必然会遇到相关的法律问题，其中主要有合同的有效性问题、税收问题、知识产权问题等。

由于电子商务中的合同是电子合同，所以合同的有效性问题是电子商务中涉及的第一个问题，也是关键问题，合同成立需要有效发盘、有效接收和有效的合同形式。对于电子商务来说，要通过网络传送发盘，数据信息的传送不存在停留时间，撤回几乎是不可能的，所以发盘要慎重行事。电子商务中涉及的第二个法律问题是税收问题，各国政府和国际经济组织对电子商务的税收进行了较多研究，对其中的由于网络贸易而引发的税收流失也相当关注。电子商务中涉及的第三个重要问题是知识产权问题，Web 站点的艺术设计和信息电子出版物，以及其他的 E-mail 等信息资源都是有版权的，进行电子商务交易过程也要加以保护。由于商标的独特性，知识产权也成为电子商务中需要保护的另一个问题。此外电子商务还涉及管辖权、安全保密、认证隐私权等问题。

加强电子商务管理安全措施，首先要建立健全法律、法规，面对这种新的动态商务活动，要在原有法律基础上根据无纸化交易方式、经济合作方式，建立符合电子商务本身安全实现和经济合作的法律、法规制度。其次要继续完善电子商务安全管理机构，其中最为重要的是认证机构。最后要提高工作人员及参与电子商务活动人员的法律意识和自身素质，做到有法可依、有法必依。加强工作人员的职业道德修养，自觉维护相关制度，提高个人职业技术能力，避免在技术环节中，由于工作人员大意造成电子商务的各类信息泄露或丢失。

（二）提高网络安全防范意识

现在许多企业建立了技术防范机制，运用先进适用的信息安全技术建造了一道道屏障，阻隔了罪犯或竞争对手的入侵，防范和化解了风险，保证了电子商务的顺利进行，但没有真正意识到互联网的易受攻击性。目前国内的网站存在安全问题，其主要原因是企业管理者缺少或没有安全意识。某些企业网络管理员甚至认为其公司规模较小，不会成为黑客的攻击目标，如此态度，网络安全更是无从谈起。只有提高网络安全防范意识，构建防范信息风险的心理屏障，才能维护电子商务的信息安全。

（三）信息安全管理制度

不论是信息的采集、加工、存储、传输、检索哪个环节的安全，先进的信息安全技术都是信息安全的保障。在采集信息时要加强对信息内容的审查管理，保障信息内容的完整性和真实性。由专门的系统管理人员对所负责的信息安全性进行测评，并对发现的漏洞及时采取技术手段进行补救，防止信息被窃取。在信息的加工处理过程中，管理人员应该对加工处理信息的系统定期进行安全检查和维护，避免在信息的加工处理过程中因为系统原因造成在系统内处理的信息被破坏。信息的存储设备也要有专用的设备和专门的人员进行管理，存储设备也要定期检查。在信息的传输过程中，传输介质是最容易出现问题的环节，所以要对传输介质的安全格外注重。

（四）电子商务安全的风险管理

电子商务安全的风险管理就是对电子商务系统的安全风险进行识别、衡量、分析，并在此基础上进行有效的风险处理，降低各种风险发生的概率，或者当某种风险突然发生时，能够避免较大损失的管理过程。风险管理的目标就是尽可能以最低的成本或代价实现最大的安全保障。电子商务安全风险管理过程：检测电子商务系统的内外部环境，找出系统的脆弱环节；对电子商务安全风险进行评估分析，确定相应的方案措施，并在系统的各个环节进行监控；根据环境的变化随时调整风险管理的应对措施，从而满足电子商务的安全要求。

（五）加强人员管理

网络安全的程度往往取决于网络中最薄弱环节的安全程度，而最危险的是监管人员警惕性的缺失。因此，建设一支高度自觉、遵纪守法的技术人员队伍是网络安全管理的重要一环。所以，要加强对工作人员思想教育，定期对工作人员的政治思想、业务水平进行考核；加强技术培训和安全教育，提高工作人员业务水平和安全意识。在人员管理方面需要注意以下几点。

1. 多人负责

每项与安全有关的工作，都需要两人或多人负责，并且是由系统主管指派，相关人员要忠于职守，并且能胜任此项工作。

2. 职责分离

从事信息系统安全方面工作的人员严禁打听或者参与自身职责以外的任何事情。

3. 任期有限

为确保电子商务信息的安全管理，对于一些特殊职务的工作人员在职工作年限不宜过长，应适当调换不同岗位（在确保其胜任的前提下）。

电子商务广泛而深入地发展需要安全保障，然而安全是相对的，这就需要建立比较完整的电子商务安全管理体系，尽可能保证电子商务活动的安全、高效。电子商务安全管理，需要从技术、管理、法律等方面综合考虑，不断加强与完善。只有在安全的网络环境下，人们才能感受到电子商务带来的便捷、高效。

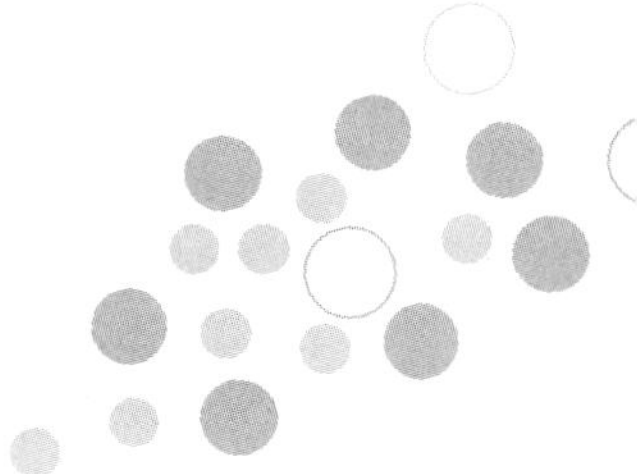

第五章 电子商务支付

第一节 电子支付概述

一、网络支付与电子商务发展的关联

20 世纪 90 年代 Internet 的爆炸性发展与应用，使其成为全球最大的、最具发展前途的通信和交换信息的新媒体。Internet 不仅是全球最大的信息库和最大的互联网络，还开辟出了一种新的商业交易方式，即电子商务。电子商务正在引发一场全球性的商务革命和经营革命，正在开创数字经济的新时代，有力地推进了全球经济一体化和全球金融一体化的进程，改变着整个社会和企业的未来。

而电子商务必然要涉及网络支付和银行之间的支付结算，需要银行的参与和推动。反过来，电子商务的推广应用，不仅推动了网络支付和网上金融服务的发展，还使金融电子化建设进入了一个全新的发展阶段。

二、网络支付系统基础

（一）网络支付系统的定义

网络支付系统是电子商务系统的重要组成部分，它是指消费者、商家和金融机构之间使用安全电子手段交换商品或服务，即把新型支付手段包括电子现金（E-cash）、信用卡（Credit Card）、借记卡（Debit Card）、智能卡等的支付信息通过网络安全传送到银行或相应的处理机构，以实现电子支付。

（二）网络支付系统的要求

一套数字支付系统要获得成功必须符合以下要求。

第一，可接受性。为了获得成功，支付体制必须被广泛接受匿名操作，即客户要求他们的身份应该受到保护。

第二，可兑换性。数字货币应该能够兑换成其他类型的货币。

第三，有效性。每笔交易的费用应该接近于零。

第四，灵活性。应该支持几种不同的支付方案综合，为了支持现有的应用程序，应该开发接口与应用程序综合使用。

第五，可靠性。支付系统应该具有高度可靠性，避免任何失误。

第六，可升级性。允许新客户和经营者的加入，不应当破坏系统结构。

第七，安全性。允许在开放网络上，如在 Internet 上进行财务交易。

第八，易用性。支付过程应该像现实世界中那样方便。

虽然货币的不同形式会导致不同的支付方式，但安全、有效、便捷是各种支付方式追求的目标。

（三）网络支付系统的功能

使用数字签名和数字证书实现对各方的认证。为实现协议的安全性，需要对参与贸易的各方身份的有效性进行认证，通过认证机构和注册机构向参与各方发放 X.509 证书，以证实身份的合法。

使用加密技术对业务进行加密。可以采用对称体制和非对称体制进行信息加密，并采用数字信封、数字签名等技术加强数据传输的保密性，以防止未被授权的非法第三者获取消息的真正含义。

使用消息摘要算法以确认业务的完整性。为保护数据不被未授权者建立、嵌入、删除、篡改、重放而完整无缺地到达接收者，可以采用数据变换技术。通过对原文的变换生成消息摘要一并传送到接收者，接收者就可以通过摘要判断所接收的消息是否完整，否则，要求发送端重发以保证其完整性。

当交易双方出现异议、纠纷时，保证对业务的不可否认性用于保护通信用户应对来自其他合法用户的威胁，如发送用户对他所发消息的否认，接收者对他已接收消息的否认等。支付系统必须在交易的进程中生成或提供足够充分的证据来迅速辨别纠纷中的是非。可以采用仲裁名、不可否认签名等技术实现。

能够处理贸易业务的多边支付问题。由于网上贸易的支付要牵涉到客户、商家和银行等多方，其中传送的购货信息与支付信息必须连接在一起，因此商家只有确认了支付用户后才会继续交易，银行业只有确认了购付信息后才会提供支付。但同时，商家不能读取客户的支付信息，银行不能读取商家的订单信息，这种多边支付的关系可以通过双联签字等技术实现。

三、网络支付系统的分类

（一）根据在线传输数据的种类（加密、分发类型）分类

第一类，“信任的第三方”（Trusted Third Party）。客户和商家的信息，如银行账号、信用卡号都被信任的第三方托管和维护，当要实施一个交易的时候，网络上只传送订单信息和支付确认，清除信息，而没有任何敏感信息。实际上通过这样的支付系统没有任何实际的金融交易是在线实施的。First Virtual 是典型的信任第三方系统。在这种系统中，网络上的传送信息甚至可以不加密，因为真正的金融交易是离线实施的。

第二类，传统银行转账结算的扩充。在利用信用卡和支票交易中，敏感信息被交换。例如，如果客户要从商家购买产品，客户可以通过电话告知信用卡号以及接收确认信息，银行同时也接收同样的信息，并且相应地校对用户和商家的账号。如果这样的信息是在线传送，必须经过加密处理。著名的 Cyber Cash 和 Visa / MasterCard 的 SET 就是基于数字信用卡（Digital Credit Cards）的典型支付系统。这种支付系统，相对于 B2C（Business to Clients）在线交易来说是主流，因为现在大部分人更习惯于传统的交易方式。通过合适的加密和认证处理，这种交易形式应该比传统的电话交易更安全可靠，因为电话交易缺少必要的认证和信息加密处理。

第三类，包括各种数字现金（Digital Cash）、电子货币（Electronic Money or Electronic Coins）在内的支付系统。与前面的两种系统不一样，这种支付形式传

送的是真正的“价值”和“金钱”本身。在前面两种交易中，信息的丢失往往是信用卡号码。被伪造的信息，也只是信用卡号等。而在这种交易中被偷窃信息，不仅仅是信息丢失，往往也是财产的真正丢失。

（二）根据支付体系结构的不同分类

第一类，银行卡非 SET 电子商务支付系统（SSL）。此类型是国内网上支付普遍采用的方法。

第二类，银行直接参与的非 SET 电子商务支付系统（类 SSL）。该系统支付信息不经商家，人们可以直接到银行站点支付，该系统风险较小。

第三类，SET 电子商务支付系统。SET 是实现在开放的网络（Internet 或公众多媒体网）上使用付款卡（如信用卡、借记卡和取款卡等）支付的安全事务处理协议。

目前中国银行的网上银行中的支付方式都是基于 SET，且中国各商业银行推出的网上支付都可归类到以上三种支付系统。

（三）根据支付时间的不同分类

根据支付时间的不同，网上支付系统可分为预支付系统、即时支付系统和后支付系统。

（四）根据支付工具的类型分类

根据支付工具类型的不同，网上支付系统可分为电子信用卡支付、电子货币支付及电子支票支付等。

第二节　网络支付工具

一、信用卡网上支付方式

（一）信用卡支付的基本概念

信用卡在线支付是指商品购买者在网站上选择商品后，通过第三方支付公司提供的信用卡网关输入相应的信息，如卡号、有效期、CW 码、支付金额，支付商品款项给第三方支付公司，通道使用者即卖家（网站所有人）在第三方支付公司提供的后台实时查询到付款成功的信息后发货给购买者，第三方支付公司再把商品款项结算给卖家的一种支付方式。这里提到的信用卡包括 Visa（维萨）、MasterCard（万事达）、AE（美国运通）、JCB（日本的世界通用国际信用卡）、Diners Club（大来卡）等信用卡种。其中 Visa 目前占世界信用卡发行的 70 % 左右，MasterCard 占世界信用卡发行的 20 % 左右，其他种类的信用卡占世界信用卡发行的 10 % 左右。所以大多数第三方支付公司提供的信用卡在线支付网关基本上是支持 Visa 卡和 MasterCard 卡的。

（二）信用卡支付的基本流程

传统的信用卡支付是在商家、持卡人及各自的开户银行之间进行，整个支付是在银行内部网络中完成的。

利用信用卡在 Internet 上进行支付，与现实生活中传统的信用卡购物过程基本相似，在早期的电子商务应用中，如果在网上支付采用的是信用卡方式，只是要求输入信用卡号码，然后把这个号码以明码的方式通过 Internet 传送给清算系统，以获得确认，这种方式存在着安全问题。为了提高联机信用卡的安全性，一些保障安全的技术如安全套接层协议 SSL 等被采用，SSL 保证在浏览器与 Web 服务器间的通信信息不会被第三方获取。这样就有效防止了通过监听网络收集信用卡号码或修改有关交易报文的可能。

（三）信用卡支付类型

1. 无安全措施的信用卡支付

无安全措施的信用卡支付的基本流程是消费者从商家订货，信用卡信息通过电话、传真等非网上进行传输，但无安全措施，商家与银行之间使用各自现有的授权检查信用卡的合法性。不安全包括两个方面，一是信用卡信息传输的不安全，二是商家付货后不一定能得到货款。

由于卖方没有得到买方的签字，如果买方拒付或否认购买行为，卖方将承担一定的风险，信用卡信息可以在线传送，但无安全措施，买方（即持卡人）将承担信用卡信息在传输过程中被盗取及卖方获得信用卡信息等风险。

无安全措施的信用卡网络支付主要是在20世纪90年代初期，在电子商务各方面发展还不太成熟，特别是银行对电子商务的支持还不完善的情况下出现的，可以说是一种临时的过渡方式。其主要特点是风险由商家负责、安全性很差、持卡人的信用卡隐私信息完全被商家掌握、支付效率较低等。

2. 通过第三方经纪人支付

改善信用卡事务处理安全性的一个途径就是在买方和卖方之间启用第三方代理，目的是使卖方看不到买方信用卡信息，避免因信用卡信息在网上多次公开传输而导致的信用卡信息被窃取。

买方在线或离线在第三方代理人处开账号，第三方代理人持有买方信用卡号和账号，买方用账号从卖方在线订货，即将账号传送给卖方，卖方将买方账号提供给第三方代理人，第三方代理人验证账号信息，将验证信息返回给卖方，卖方确定接收订货。

支付是通过双方都信任的第三方完成的，信用卡信息不在开放的网络上多次传送，买方有可能离线在第三方开设账号，这样买方没有信用卡信息被盗窃的风险，卖方信任第三方，因此卖方也没有风险；买卖双方预先获得第三方的某种协议，即买方在第三方处开设账号，卖方成为第三方的特约商户。

这种方式对第三方代理机构的公正、信誉与操作规范有很高的要求。主要风险由第三方代理机构承担，该方式虽然提高了支付的安全性，但支付效率还是较低，成本也较高，它同样属于电子商务发展初期利用信用卡支付结算时的一种过渡方式。

3. 简单信用卡加密支付

当使用简单加密信用卡模式付费时，信用卡信息被买方输入浏览器窗口或其他电子商务设备，信用卡信息就被简单加密，安全地作为加密信息通过网络从买方向卖方传递，采用的加密协议有 SHTTP、SSL 等。

4. SET 信用卡支付

SET 是安全电子交易的简称，它是一个为了在 Internet 上进行在线交易而设立的一个开放的、以电子货币为基础的电子付款协议标准。SET 的安全措施主要有对称密钥系统、公钥系统、消息摘要、数字签名、数字信封、双重签名、认证等技术。消息摘要主要解决信息的完整性问题，即信息是否是原消息，信息是否被修改过。数字信封是用来给数据加密和解密的。双重签名是将订单信息和个人账号信息分别进行数字签名，保证商家只看到订货信息而看不到持卡人账户信息，并且银行只能看到账户信息，而看不到订货信息。

根据功能的不同，SET 认证中心划分成不同的等级，不同的认证中心负责发放不同的证书。持卡人证书、商户证书、支付网关证书分别由持卡人认证中心、商户认证中心、支付网关认证中心颁发，而持卡人认证中心证书、商户认证中心证书和支付网关认证中心或区域性认证中心的证书由认证中心颁发。

由于 SET 系统成本较高，速度偏慢，应用上还存在许多局限性，因此其应用的地方还是不多，并未真正普及。在中国，中国银行发行的长城借记卡就是采用这种基于 SET 协议机制的网络支付模式，它也被称作中银电子钱包中借记卡支付模式。总之，基于 SET 协议机制的网络支付模式逻辑上更严密、更安全，并且已获得国际互联网工程任务组（Internet Engineering Task Force，缩写为 IETF）标准的认可，随着各种条件的逐步具备，它将是电子商务安全网络支付的发展方向。

（四）几种电子信用卡系统

1. First Virtual

Virtual PIN 是 First Virtual Holdings 公司的产品，它是 Internet 上使用最早的信用卡支付系统之一。

客户使用 FV 购物的过程如下。

第一步，首先客户浏览 FV Info Haus（FV Web 服务器）或者 FV 商家正在售货的其他 Web 服务器。

第二步，客户选择希望购买的货物后，输入 FV 账户识别符（Virtual PIN 个人标识号）。

第三步，商家收到该识别符后，通过询问服务器检查识别符是否有效。检查可以是人工询问，也可以是与 FV 服务器的自动对话方式。如果客户的 Virtual PIN 没有不好的记录，商家则通过 E-mail.WWW 回答或其他手段给客户发送信息。

第四步，商家给 FV 服务器发送有关交易的信息，其中包括客户的 Virtual PIN。

第五步，FV 服务器向客户发送 E-mail，以询问客户对其收到的信息是否满意，客户对询问的回答可以是 Yes（表示客户将进行支付）或 No（表示客户没有收到货物或对货物不满意而拒绝支付）或 Fraud（表示客户没有订购这些货物）。

2. Cyber Cash

Cyber Cash 的目的是在 Internet 上为商家和金融部门提供一个支付系统。

Cyber Cash 支付的具体处理过程如下。

第一步，客户访问商家的网址并挑选货物。

第二步，商家服务器为客户回送一份有关商品价格、交易工具等的表单。

第三步，当表单出现在客户的显示屏上时，客户按“PAY”按钮后，客户软件向商家发出订单信息及加密的支付信息。

第四步，商家服务器向 Cyber Cash 服务器发送加密的付款信息。

第五步，Cyber Cash 服务器为商家的开户银行或指定的信用卡处理机构建立一份标准的信用卡授权申请。

第六步，商家的开户银行或指定的信用卡处理机构向发卡机构发送一份授权申请；发卡机构以“许可或拒绝”向 Cyber Cash 服务器作出答复。

第七步，Cyber Cash 将以上答复发送给商家服务器。

第八步，商家服务器再把以上答复通知客户，并告知客户交易已经完成。

第九步，发卡机构及商家的开户银行为其客户办理资金划转。

二、电子支票支付方式

（一）背景

Internet 的迅速发展和网络用户的逐年猛增，为电子商务（Electronic Commerce，缩写为 EC）的发展提供了良好的环境。EC 不仅对社会资源发挥巨大的作用，社会资源的节约也为其自身的发展提供了内在的动力。EC 发展至今，商家已逐渐从简单的网上信息发布向网上实际交易的方向发展。在这一背景要求下，安全支付成为电子商务的当务之急。为了安全、快捷地达成网上交易，各厂商提出了各种安全支付的解决方案和支付方式。较为有影响的方案是 SSL 和 SET。支付方式包括信用卡、电子支票、电子现金等。而当前国内较为流行的支付方式是信用卡支付。

（二）电子支票的概念

1. 传统支票

电子支票来源于传统的纸基支票，所以首先来看一下传统支票的概念及运作流程。

客户在使用支票前，必须首先通过申请，在银行建立支票账户号，其次通过这个账户支付各种消费。客户手里有支票本，在购物或消费时，在支票上填好有关的信息，如金额、用途、名字等，需要盖章的还要盖章。然后把支票交给商家。商家拿到支票以后，先背书，再向银行提示付款。如果商家和客户不在一个银行开户，那么商家一般把支票交给自己的开户行，商家的开户行和客户的开户行之间通过票据清算系统进行清算。

传统支票在给人们带来方便的同时，也带来了一系列的问题。首先，支票的处理成本过高。其次，支票的处理速度较慢。一张支票的处理时间为 2 ~ 3 天，大量的在途资金给收款人带来不少的损失。最后，传统支票易于伪造。

2. 电子支票

电子支票是指客户向收款人签发的、无条件的数字化支付指令，它可以通过Internet或无线接入设备完成传统支票的所有功能。像传统支票一样，电子支票需要经过数字签名、被支付人数字签名、使用数字凭证确认支付者和接收者的身份，然后金融机构用签过名和认证过的电子支付进行账户存储。

由于电子支付为数字化信息，因此处理极为方便，处理的成本也比较低。电子支票通过网络传输，速度极其迅速，大大缩短了支票的在途时间，使客户的在途资金损失减为零。电子支票采用公开密钥体系结构（Public Key Infrastructure，缩写为PKI），可以实现支付的保密性、真实性、完整性和不可否认性，从而在很大程度上解决了传统支票中存在的大量伪造问题，也可以避免传统支票的空头支票现象，减少用户损失。

（三）电子支票支付方式的优点

电子支票与信用卡和电子现金比较起来，具有自身的优势和特点。

1. 安全性较高

卡支付时，网络中传输的是消费者的卡号和密码，卡支付使用的基础是对商务参与各方的信任，但这可能给不法分子可乘之机。另外，卡号和密码在传输过程中如果被第三方得到，可能被非法使用，电子支票可以预防这种危险。电子支票的安全通过签名实现，电子支票的拥有者对它签名后，任何人都不能对它做出更改，非法更改的电子支票将被识别、作废，所以即使被第三方得到也毫无用处。

2. 方便

卡支付协议（如SET）过于复杂，采用SSL协议的卡支付系统安全性较差。

3. 兼容性好

只要大家采用同样的标准，电子支票可以在各银行间通用，使用时不需要转换。比较起来，电子现金支付存在各银行的电子现金彼此不兼容的现象。

（四）电子支票系统

1. 电子支票系统组成

电子支票系统包含三个实体，即购买方、销售方及金融中介。在购买方和销售方做完一笔交易后，销售方要求付款。购买方从金融中介那里获得一个唯一凭证（相当于一张支票），这个电子形式的付款证明表示购买方账户欠金融中介钱。购买方在购买时把这个付款证明交给销售方，销售方再交给金融中介。整个事务处理过程与传统的支票查证过程非常相似。但作为电子方式，付款证明是一个由金融中介出具证明的电子流。更重要的是，付款证明的传输及账户的负债和信用几乎是同时发生的。如果购买方和销售方没有使用同一家金融中介，将会使用金融中介之间的标准化票据交换系统，这通常由国家中央银行（国内贸易）或国际金融机构（国际事务）协同控制。

2. 类型

（1）NetBill

NetBill 是指用于销售信息的一个电子支票系统。系统中有一计算机记录各类账目。在其基本的交换协议中，中心服务器记录账目余额和意欲购买信息的客户数。客户和中心服务器在服务器之间交换金额以前，首先交换经过加密和数字化签字的购买订单。其协议可防止客户付账前获取欲购买的任何产品或服务。

NetBill 中的简单业务由客户、商家和中心服务器三方参与。把客户使用的软件简称作支票簿，把中心服务器使用的软件简称作钱柜。商家从钱柜收到客户想买或卖什么的信息。

（2）NetCheque

NetCheque 系统是由南加利福尼亚大学的信息科学研究所 ISI（Information Sciences Institute）开发的，用于模拟支票交易银行。系统中使用 Kerberos 实现认证，并且中心服务器在认为有必要时，可对所有主要的业务进行跟踪。

支票是通过将有关金额、货币类型、接收者姓名、银行名称、账号、支票号及其他细目的标准信息打包在一起而产生的。

例如，用户 U 要想签一张支票，必须向 Kerberos 服务器申请一张票据，票据中包含私钥（key bank）。银行得到支票后，知道支票一定是 U 签的，这是因为只有三方能从票据中取出 key bank，这三方是产生票据的 Kerberos 服务器（假定是可信赖的）、U 和银行。

NetCheque 系统也允许其他人用相同的签字方案签署支票。如果 V 从 U 处收到一支票，V 可以用 U 签署支票的方式，通过产生 Kerberos 签字而签署支票，然后把支票发送给银行存储。V 存储支票的银行和 U 提取支票的银行可以不同。这时，V 的银行把支票发送给 U 的银行，通过一中介银行交易系统，现金被返回到 V 的银行并被存储。

NetCheque 系统在很多方面是模仿普通的支票交易系统的。Kerberos 系统的主要优点是使用私钥加密，而私钥加密一般都未申请专利。因此，很多好的加密方案可被采用，不必担心侵犯了专利权。

使用 Kerberos 时，要求每个用户产生一个用于签署支票的票据，而票据常常会出现过期的问题，因此要求有一个更好的在线环境。另一主要问题是 Kerberos 环境仅在两方之间建立安全联系，因此无法使得某人签署的支票可由任何其他人验证。V 不能验证 U 对支票的签字，因为票据仅在 U 和银行之间建立了安全的联系。这一问题的解决方法是要求支票的产生者对银行和接收者分别建立两个不同的签字字段。

三、电子现金支付方式

（一）电子现金定义

电子现金是一种以电子数据形式流通的、能被客户和商家普遍接受的、通过 Internet 购买商品或服务时使用的货币。

电子现金是一种隐形货币，它把现金数值转换成为一系列的加密序列数，通过这些序列数表示现实中各种金额的币值。

（二）电子现金系统的基本模型

电子现金以数字信息形式存在，通过通信网流通。电子现金在其生命周期中要经过提取、支付和存款三个过程，涉及用户、商家和银行三方，还可以包括一个可信赖的第三方（它完成对电子现金流通过程及电子现金主人身份的追踪）。用户与银行执行提取协议从银行提取电子现金；用户与商家执行支付协议支付电子现金；商家与银行执行存款协议，将交易所得的电子现金存入银行。电子现金系统的业务可分为两个阶段：生成电子现金阶段和支付阶段。

（三）电子现金应具有的基本性质

电子现金在经济领域起着与普通现金同样的作用，对正常的经济运行至关重要。一个好的电子现金系统应具备以下性质。

1. 系统无关性

电子现金的安全性不能只靠物理上的安全来保证，必须通过电子现金自身使用的各项密码技术来保证电子现金的安全。

2. 不可重复花费性

电子现金只能使用一次，重复花费能被轻易地检查出来。

3. 匿名性

银行和商家相互勾结也不能跟踪电子现金的使用，就是无法将电子现金的用户的购买行为联系到一起，从而隐蔽电子现金用户的购买历史。

4. 不可伪造性

用户不能造假币，包括两种情况：一是用户不能凭空制造有效的电子现金；二是用户从银行提取 N 个有效的电子现金后，不能根据提取和支付这 N 个电子现金的信息，伪造出有效的电子现金。

5. 可传递性

用户能将电子现金像普通现金一样，在用户之间任意转让，且不能被跟踪。

6. 可分性

电子现金不仅能作为整体使用，还应能被分为更小的部分多次使用，只要各部分的面额之和与原电子现金面额相等，就可以进行任意金额的支付。

（四）电子现金的分类

根据电子现金的交易载体，电子现金可分为基于账户的电子现金系统和基于代金券的电子现金系统。

根据电子现金在花费时商家是否需要与银行进行联机验证，电子现金分为联机电子现金系统和脱机电子现金系统。

根据电子现金是否可以合法地支付多次，电子现金分为可分电子现金和不可分电子现金。

根据电子现金是否可以撤销匿名，电子现金分为不可撤销匿名电子现金和可撤销匿名电子现金。

（五）典型的电子现金系统

1. E-cash 电子现金系统

E-cash 是 DigiCash 公司开发的在互联网上使用的、完全匿名的、安全的电子现金，它使用公钥加密和数字签名确保安全（768 位 RSA 密钥），电子现金账号可以续存，并且移动电话、掌上电脑和其他信息工具也都将支持 E-cash 支付。用 E-cash 客户软件，消费者从银行提取和在自己的计算机上存储 E-cash。制造货币的银行验证现有货币的有效性和把真实的货币与 E-cash 交换。商家能够在提供信息或货物时接受支付的 E-cash 货币。客户端软件称作“电子钱包”（Cyberwallet），负责到银行的存 / 取款，以及支付或接收商家的货币，支付者的身份是不公开的。E-cash 可以实时转账，商家和银行之间不需要第三方服务介入。

2. DigiCash 电子现金系统

DigiCash 是由 DigiCash 公司开发的一种电子现金系统。该系统允许消费者使用电子现金进行在线交易。DigiCash 是一种无条件匿名系统。当消费者使用硬币时，商家所能看到的只是银行的签字，而不是消费者本人的签名。

3. Net Cash 电子现金系统

Net Cash 仅是软件解决办法，不要特殊硬件，利用对称和非对称加密算法保证支付安全，防止欺骗。

电子现金发行中顾客和商家可以使用不同货币服务器 CS（Coin Server）。这里的每个用户只能使用他注册的 CS 的货币，与其他用户货币兑换由 CS 完成。用户可以用电子支票或信用卡从 CS 购买电子货币，商家最终可以获得由本地 CS 发行的货币或电子支票。

现金交易过程是指用户付款给商家，商家将货币传给货币服务器 2（CS2），但最终货币验证还要到货币服务器 1（CS1），CS1 向 CS2 发出电子支票。CS2 既可以自己发行新货币给商家，也可以用电子支票向 CS1 换取货币。所有支票清算都要经过 Net Cheque 账户和结算体系。CS2 通知商家货币转账完毕，商家向顾客发出单据和货物。

第三节　网络银行

一、网络银行概述

网络银行（又称作网上银行、在线银行）是指银行利用 Internet 技术，通过 Internet 向客户提供开户、销户、查询、对账、行内转账、跨行转账、信贷、网上证券、投资理财等传统服务项目，使客户可以足不出户就能安全便捷地管理活期和定期存款、支票、信用卡及个人投资等。可以说，网上银行是在 Internet 上的虚拟银行柜台。

二、网络银行的产生和发展

（一）网络银行产生的原因

1. 网络银行是网络经济发展的必然结果

由于电子商务活动无时间和空间的限制，国界也将在某种程序上消失，经济全球化的结果也带来了金融业务全球化，世界金融业的竞争更加激烈。同时，电子商务需要处理好信息流、商流、资金流和物流中的各个环节，才能健康运行和发展，才能真正体现电子商务的效率。资金流作为电子商务及传统商务流程中的一个关键环节，其高效率、低成本、安全可靠的特点是商务发展的需求。顺应这种需求，结合信息网络技术特别是 Internet 技术的应用，网络银行就产生了。

2. 网络银行是电子商务发展的需要

无论是对于传统的交易，还是对于新兴的电子商务，资金的支付都是完成交易的重要环节。在电子商务中，作为支付中介的商业银行在电子商务中扮演着举足轻重的角色，无论网上购物还是网上交易，都需要银行借助电子手段进行资金的支付和结算。商业银行作为电子化支付和结算的最终执行者，是连接商家和消费者的纽带，是网络银行的基础，它所提供的电子与网络支付服务是电子商务中最关键的要素和最高层次，直接关系到电子商务的发展前景。商业银行能否有效地实现支付方式的电子化和网络化是电子交易成败的关键。因此，网络银行是电子商务的必然产物和发展需要。

3. 网络银行是银行自身发展并取得竞争优势的需要

银行的发展面临的形势如下。

一是客户获得银行电子化服务的工具发展很快。

二是面向普通消费者的银行设备在不断更新和发展。

三是各种现代化的银行金融支付与清算系统等得到广泛应用。

四是网上金融信息服务发展很快。

五是现代金融计算机系统发展速度快且得到广泛应用。

六是银行金融业全能化和国际化趋势明显。

可见，网络银行的产生有其必然性，发展趋势不可逆转。虽然今天的网络银行服务并没有给银行业带来巨大的利润，但是其前景大好。更关键的是，不开展网络银行服务的银行正面临着产品种类、客户服务、运行成本等方面全面落后的危险。

（二）网络银行的发展趋势

1. 电子银行业务是商业银行未来扩规模、提高质量的必由之路

相对于传统银行，电子银行客户规模增长更快。近年来，电子化产品普及率越来越高，随着电子银行产品功能的丰富和安全程度的提高，电子银行产品对客户的吸引力逐步增强。

电子银行业务有助于推进客户关系管理，提高客户满意度。电子银行业务的运营不受时间和空间限制，省去了客户的奔波之苦，节约了客户时间成本和业务经营成本，从而能与客户保持最紧密的接触，最快速地响应客户需求，提高客户满意度和忠诚度，使银行实现以产品为中心向以客户为中心的转变，为深化客户关系管理创造条件。同时电子银行产品具有一定的排他性，可以带动客户更多地使用银行的金融产品，如注册消息服务必须在银行开立账户。

电子银行可以提高优质公司及机构客户对银行的综合贡献度。随着金融全球化和中国对外资银行逐步全面开放，客户需求日益呈现多样化、个性化、集约化、综合化的特点，大型企业集团客户的财务管理集中化和资金管理集中化趋势不断增强，对银行业务创新和服务创新提出了更高的要求。传统柜面服务已经不能满足客户需要，必须借助电子银行的技术和创新优势，为客户提供更加丰富的服务。例如，企业网上银行的集团理财、电子商务等产品为集团性公司提供了更好的服务。

电子银行有助于维系个人高端客户，为实现个人客户战略提供保证。个人客户不同于公司客户，它具有广泛性、多样性、移动性的特点。低端客户可以通过

自助渠道办理业务，但高端客户同样需要电子渠道，银行的电子渠道是为高端客户提供完备的金融服务的必要途径。按照二八法则分类经营客户，不仅要牢牢经营好大众富裕客户，还要考虑如何把大众客户经过经营变为盈利客户。而且电子银行通过提供不断创新的服务内涵，在服务客户过程中还能发挥很强的“锁定”效应，客户一旦选定一家银行的电子银行，往往会将其他业务也随之转到这家银行。

2. 电子银行业务是进一步增强商业银行核心竞争力的必然选择

商业银行的核心竞争力是指通过富有竞争力的金融产品和服务，战胜竞争对手而成为客户和市场金融服务供应商，并获得超额利润和持续发展的独特能力。核心竞争力可以体现在多个方面，如人才、组织、资本、风险、技术、业务等。如果从业务结构角度对商业银行的核心竞争力进行分析，那么竞争目标客户和拓展核心业务是提升核心竞争力的两个关键。

电子银行业务是提高客户忠诚度的有力手段。客户数量和质量，特别是目标客户的多寡，决定了一个银行的盈利能力，体现银行的核心竞争力。除客户数量外，更重要的是客户质量、竞争目标客户的能力、核心客户的占比。调整客户结构，目的是增加有效客户、核心客户，使产品、服务水平与不同客户的实际需求相吻合，促进可持续发展。目标客户有两个最基本的属性：第一，能带来较大的利润贡献；第二，具有较好的成长性。目标客户不但现在能带来利润，而且以后其业务能持续发展，利润贡献不断增加。客户选择银行的标准包括方便快捷、带来利润和提供高附加值等，这些都是电子银行渠道所具有的特性。

电子银行业务已经逐步成为银行发展的核心业务。核心业务具备三个标准，一是成为收入的主要组成部分，二是满足客户的主要需求，三是代表未来的发展方向。目前我国银行的电子银行业务收入占全部中间业务收入的近 20 %，向客户提供了包括信息服务、资金交易、理财服务等在内的较为全面的金融服务。同时，电子银行作为一个创新能力极强的平台，它能够带动资产、负债、中间业务等各项产品进一步发展，进而带动相关的产品创新，使过去很多在柜台无法实现的业务在电子银行渠道中实现。依托电子银行，可以为更多高价值客户设计更多高效的理财方案，提供更多差异化、个性化的服务，形成新型的合作关系，实现双赢，实现商业银行增长方式和盈利结构的根本转变。

三、网络银行的系统构成

（一）按服务对象分类

按服务对象分类，网上银行可以分为企业网上银行和个人网上银行。

1. 企业网上银行

企业网上银行是指主要针对企业与政府部门等企事业组织客户。企事业组织可以通过企业网上银行服务实时了解企业财务运作情况，及时在组织内部调配资金，轻松处理大批量的网上支付和工资发放业务，并可处理信用证相关业务。

2. 个人网上银行

个人网上银行是指主要适用于个人与家庭消费支付与转账。客户可以通过个人网上银行服务，完成实时查询、转账、网络支付和汇款等功能。

（二）按经营组织形式分类

按经营组织形式分类，网上银行可以分为分支型网上银行和纯网上银行。

1. 分支型网上银行

分支型网上银行是指现有的传统银行将互联网作为新的服务手段，为建立银行站点、提供在线服务而设立的网上银行。

2. 纯网上银行

纯网上银行又称作虚拟银行。纯网上银行是指为专门提供在线银行服务而成立的独立银行，因此，纯网上银行也被称作“只有一个站点的银行”。

注：中国银行网上银行属于分支型网上银行，既有企业网上银行也有个人网上银行的机构。

四、网络银行的系统构成及主要工作

网络银行由以下系统构成。

第一，用户系统。其是用户进行网上交易的环境，在用户系统中可完成认证介质登录，访问网上银行系统等工作。

第二，银行网站。其负责银行信息公布和对外宣传，并提供到网银中心的链接。

第三，网银中心。其位于银行端，通常包括交易服务器、安全认证加密系统等。交易服务器起到支付网关的作用，通常装有 SSL 服务器，能将客户端发来的数据解密后转化成银行业务格式，与业务数据中心进行交易，同时将加密后的相关信息返回给客户。

第四，业务数据中心。其是银行的账户中心，用于保存用户的账户信息。

第五，银行柜台。其是银行的营业网点，进行开户、存取款交易。其与系统业务数据中心相连，又可与CA中心相连，完成用户公私钥对的生成和证书的颁发、撤销等。

第六，CA 中心。其是一套复杂系统，负责银行和用户的证书颁发、验证、废止和维护等工作。

五、网络银行业务的类型和一般流程

（一）网络银行业务类型

第一类，信息服务。其主要是宣传银行能够给客户提供的产品和服务，包括存贷款利率、外汇牌价查询、投资理财咨询等。这是银行通过互联网提供的最基本的服务，一般由银行一个独立的服务器提供。这类业务的服务器与银行内部网络无链接路径，风险较低。

第二类，客户交流服务。其包括电子邮件、账户查询、贷款申请、档案资料（如住址、姓名等）定期更新。该类服务使银行内部网络系统与客户之间保持一定的连接，银行必须采取合适的控制手段，监测和防止黑客入侵银行内部网络系统。

第三类，交易服务。其包括个人业务和公司业务两类。交易服务网上银行业务的主体。个人业务包括转账、汇款、代缴费用、按揭贷款、证券买卖和外汇买卖等。公司业务包括结算业务、信贷业务、国际业务和投资银行业务等。银行交易服务系统服务器与银行内部网络直接相连，无论是从业务本身还是网络系统安全角度看，均存在较大风险。

（二）网络银行业务的一般流程

第一步，客户接入 Internet，通过浏览器在网上浏览商品、选择货物、填写网络订单、选择应用的网络支付结算工具，并且得到银行的授权使用，如银行卡、电子钱包、电子现金、电子支票或网络银行账号等。

第二步，客户机对相关订单信息，如支付信息进行加密，在网上提交订单。

第三步，商家服务器对客户的订购信息进行检查、确认，并把相关的、经过加密的客户支付信息转发给支付网关，直到银行专用网络的后台业务服务器确认，以期从银行等电子货币发行机构验证得到支付资金的授权。

第四步，银行验证确认后，通过建立起来的经由支付网关的加密通信通道，给商家服务器回送确认及支付结算信息，为进一步的安全，给客户回送支付授权请求（也可没有）。

第五步，银行得到客户传来的进一步授权结算信息后，把资金从客户账号上转拨至开展电子商务的商家银行账号上，借助金融专用网进行结算，并分别给商家、客户发送支付结算。

六、我国网络银行的发展与策略

（一）我国网络银行存在的问题

1. 安全问题

如何保证账户信息和交易信息在传播的过程中不被窃取，如何防止非法用户侵入银行主机和核心数据，这一直是网络银行亟待解决的问题。

2. 信用问题

在网上银行虚拟环境加剧了信息不对称的情况下，信用更依赖于信用体系的建设。信用制度在我国一直相对薄弱，网上银行客户的信用标准不统一，互相不承认其客户资格，导致信用资源不能共享，从而限制了网上银行发挥作用。

3. 技术问题

网上银行的核心是信息技术，网上银行的发展依赖于信息技术的进步。信息技术的快速发展，将导致网上银行方式的变化，促进全球化和商业化的银行产品和服务，对银行业和商业都具有重大的影响。另外，网上银行的稳定性和安全性也依赖于信息技术的改进。

4. 监管问题

网上银行作为一种新的模式在互联网上进行商业活动，它的新的运行机制，无疑将影响中国央行现行的监管制度。互联网技术的应用，进一步打破银行业务的地域和行业界限。因此，网上银行的监管已经成为一个更重要的问题。

5. 法律问题

由于网络银行是银行的一个新领域，涉及网上银行的立法还不够完善，如客户的义务、银行的责任和相互间的权利等都没有被明确界定的法律，使得参与各方的网络银行，也有一定的法律风险。虽然《合同法》定义了电子合同的法律地位，但电子票据的有效性、数字签名的合法性等问题目前还没有明确的法律依据。

（二）我国网络银行发展的策略

1. 完善和健全法律法规，营造良好的外部环境

我国网络银行的发展首先必须从外部营造一个良好的制度环境。电子商务和网络银行的独特运行方式对现有的商业规范模式提出了法律、货币、技术和安全等方面的重大挑战。目前我国现行的银行立法，如《中华人民共和国商业银行法》等主要是基于传统业务，已不适应提供“金融超市”式服务的网络银行业务发展的需要，网络银行和网上交易法规的缺乏，阻碍了我国网络银行发展的步伐。因

此，没有法律规范，电子商务和网络银行难以正常发展。健全和完善我国网络银行法律法规，已是一项刻不容缓的工作。一方面，我国应加紧对网络银行的发展、安全体系、风险防范、监管等方面展开系统性的研究，对现行的法律法规进行修改、调整；另一方面，要制定有关规范电子货币和网络银行发展的一系列法律法规，从法律上明确网上电子商务、电子资金流动的安全标准和程序，强化对网络银行和网上电子支付结算中心的资格认证，为网络银行的发展和网络金融化提供法律保障和安全保障，促进网络银行和电子商务积极、稳妥地发展。在日常交易中，我们应充分利用已公布的有关交易的民商法和计算机安全法律法规，保护电子商务和网上支付的正常进行，并在不断探索中，逐步建立适合我国国情的、适用于网络银行的法律制度。同时，要密切注意国际网络法律的动向，加以学习和借鉴，尽快赶上发达国家的网络法律建设步伐。

政府在围绕电子商务制定法律法规时，应有一定的战略眼光，立足国际和国内市场，参照国际惯例，尽量减少一些不必要的限制，避免因新法规的出台而造成网络银行发展的新瓶颈。透明、和谐的商业法律环境，是交易得以正常进行的根本保证。法律框架须着眼于保护公平交易、保护平等竞争、保护消费者权益及保护个人隐私方面，制定有助于鼓励监督、调解纠纷、打击犯罪的一套行之有效的办法。

目前需制定和完善的电子商务的法律法规主要有市场准入制度、交易有效认证、网上支付、信息保密办法、税收征收办法、广告管制及网络信息内容限制等。对于网上支付，还需要研究以下法律问题：网上支付的定义和特征，网上支付的当事人及其权利和义务，涉及伪造、更改、销毁网上支付及其他纠纷的法律责任认定和追究等。

2. 加强金融监管，转变金融监管的方式

网络银行的出现，改变了传统银行业务的服务方式，从过去通过银行柜台提供服务的方式改变为通过电子方式提供服务，金融监管机构也应随着银行服务方式的转变而转变监管方式。金融监管应在促进良性市场竞争机制发展的同时，不阻碍金融的创新，并保证消费者能获得最好、价格最佳的金融服务。监管者应保持监管的透明度和一致性，保证金融机构提供的信息真实、公正及准确。金融监管机构应将网络银行业务正式列入金融机构管理序列，建立专门的网络银行准入制度。对从事网络业务的金融机构，在办理网上业务前，必须到金融监管机构办理网络银行业务登记，并提供有关的网络资料。金融监管机构对从事网络业务的金融机构，实现按网络业务能力和银行资信能力进行分级的制度，同时对从事网上业务金融机构进行登记，通过与税务、财政等专门机构的密切配合，深入了解金融机构的网上活动，确保网络银行在批准的业务范围内从事网络业务活动。

金融监管机构应结合网络银行业务的特点，尽快完善和补充有关网络银行业务的法律法规，明确对网络银行的监管权力，确定网络银行业务的管理办法，使金融监管当局对网络银行的监管明确化、规范化。为培育我国的超级金融服务公司、增强我国金融机构的竞争能力、为客户提供全能的金融服务，我国要尽快采取措施，解除分业经营的政策限制，创造金融运作的宽松环境。对金融业的监管方式由机构监管向功能监管转变。在实行分业经营年代，监管者对金融业进行机构监管，即银行、证券、投资及保险机构由不同的监管机构分管。在金融混业经营的条件下，金融服务公司既从事银行、证券和投资业务，也经营保险业务，势必要求按金融服务的功能、性质进行监管。随着中国加入世界贸易组织后，金融业将进一步对外开放。为了适应我国银行业国际化要求，监管者还应借鉴和吸收外国金融监管特别是网络银行监管的先进经验，加强与国外金融监管机构的合作，做到信息共享，促进我国网络银行跨国经营。

3. 构建完整的交易安全保障体系，建立中国金融认证中心

开展网络银行业务必须以网上交易安全为前提。政府应组织力量研究、筛选符合我国国情的电子商务交易安全技术，开发我国自己的网络安全产品，并进行推广应用。银行也应根据各自实际情况，投入资金开发先进的、无懈可击的保密

安全系统，利用各类安全技术（如防火墙技术、信息加密存储通信、身份认证等）来保障网上客户的交易及资金安全。同时在安全保障方面，借鉴国外成功的网络银行的经验和技术，如美国网络银行所采用的三重安全防护作业系统措施，即客户终端浏览器处理技术、防火墙技术和保护交易中枢不被入侵的可信赖操作系统。该系统至今未有过被侵入的记录。

建立与安全电子交易（SET）相对应的国家认证中心进行客户认证。21世纪初，中国人民银行牵头同十二家商业银行联合共建的中国金融认证中心CFCA正式挂牌运行，标志着中国电子商务突破了网上支付结算的障碍——电子身份认证。电子身份认证技术是保证电子商务交易安全的一项重要技术，包括加密、验证、授权、抗否认、自动撤销检查等基本功能，保障在网络中交易的各方具有平等的安全地位，推动电子商务在安全、有序的环境中运行。

完整的网络银行交易安全体系除包括技术方面的措施外，还应包括管理措施，即交易的安全制度、交易安全的实时监控、提供实时改变安全策略的能力、对现有的安全系统漏洞的检查等。银行应建立一套完整的网上交易的安全管理制度，包括人员管理制度、保密制度、跟踪审计制度、系统维护制度、数据备份制度、病毒防范制度，以防止内部作案，及时发现、排除安全隐患，或在安全事故发生时，保障计算机系统继续运行或迅速恢复。

4. 积极推进金融创新，大力发展“金融超市”，努力提供具有个性化的高附加值金融产品

在业务体系上，网络银行应利用互联网的强大功能，积极创新，完善服务方式，丰富服务品种，提供“金融超市”式的服务。传统银行必须重新构建业务体系，把网络作为商业银行与证券、保险、基金等金融企业合作的平台，为商业银行的综合化全能经营和金融控股公司的构建奠定基础，使银行由原来单一的存取款中心发展为多功能的“金融超市”，实现“有病找医生，有纠纷找律师，其他事情都可以找银行”的神话。在为“E客服（在线部）”提供“一站式”的全方

位服务的基础上，推进我国电子商务的发展。

在经营理念上，商业银行必须实现由“产品中心主义”向“客户中心主义”的转变，为客户提供“量身定做”的个性化金融产品和金融服务。传统银行的经营理念的核心是“以显胜出”和“产品中心主义”，其标志是通过机构网点的扩张和批量化生产为客户提供标准化的金融服务，以此来降低成本。然而，在网络经济条件下，由于客户对银行产品和服务的个性化需求和期望越来越高，迫使商业银行必须从客户需求出发，充分体现“以质取胜”和“客户中心主义”。为了实现这一转变，银行必须将客户关系管理放在重要位置，依靠发达的网络系统，了解、分析、预测、引导甚至创造客户需求，为客户量身定做最合适的金融产品，从而获取金融服务附加价值。网络银行应结合电子商务、电子交易，以战略联盟为手段，混业经营，使业务品种多样化，如与保险公司、基金公司合作推出新的金融产品等。银行可利用网络技术优势和客户资源，向其他行业，如信息产业机构和连锁服务机构渗透，进行多元化经营，如提供B2B电子商务平台，成为交易中心，代理发售航空、铁路客票等，实现银行业务领域和范围的扩张，成为真正意义上的“金融超市”。

总之，网络银行可以综合客户的多个账户、多种货币、多种信用卡、多种投资商品信息，并通过相关软件，建立单个客户的资料信息库，详细分析、全面把握客户的消费习惯、投资偏好，从而为客户提供极具个性化的、高附加值的优质理财服务，推进以客户为中心的银行战略。还可利用Internet网络向客户直接促销。在网上与客户互相沟通，银行的业务部门能够找到潜在客户，企划部门也能针对客户需求设计新的金融产品。同时，应借鉴国外成功的网络银行的经验，进一步提高我国网络银行的服务水平。例如，Wells Fargo银行的网上银行服务中“建立你自己的银行”（Build Your Own Bank），便是通过了解客户的情况，然后针对该客户的特点和需求推荐适合的银行产品和服务，甚至使客户拥有符合自己特点和需求的银行主页，使客户获得实用和感觉上的双重满足，这都值得我们学习和借鉴。

第四节　第三方支付

一、第三方支付简介

第三方支付是指具备一定实力和信誉保障的独立机构，采用与各大银行签约的方式，提供与银行支付结算系统接口的交易支持平台的网络支付模式。

在第三方支付模式中，买方选购商品后，首先，使用第三方平台提供的账户进行货款支付（支付给第三方），并由第三方通知卖家货到付款、要求发货；其次，通知第三方付款；最后，第三方将款项转至卖家账户。

第三方支付是电子支付产业链中重要的纽带，一方面其连接银行，处理资金结算、客户服务、差错处理等一系列工作；另一方面其连接商户和消费者，使客户的支付交易能顺利接入。

第三方支付较好地解决了长期困扰电子商务的诚信、物流、现金流等问题，在电子商务中发挥着重要作用。

二、第三方支付预测

随着第三方支付规模的不断扩大，第三方支付市场主体的经营着力点已经从拓展渠道逐步转向快速提升客户规模、有效增加客户黏性。而其中的关键是为客户提供多样化、个性化、高附加值的服务，全面满足客户在家居、交通、医疗、教育、卫生等领域的信息查询类、支付缴费类、资产增值类等复合型需求。市场主体将加快推动产品和服务创新，全面打造便民支付综合化服务体系，尝试为客户提供全业务第三方支付解决方案，不断优化业务流程，提升客户支付体验，降低综合成本。

三、第三方支付的优点

1. 成本优势

支付平台降低了政府、企业、事业单位直联银行的成本，满足了企业专注发展在线业务的收付要求。

2. 竞争优势

第三方支付平台的利益中立，避免了与被服务企业在业务上的竞争。

3. 创新优势

第三方支付平台的个性化服务，使得其可以根据被服务企业的市场竞争与业务发展所创新的商业模式，同步定制个性化的支付结算服务。

在缺乏有效信用体系的网络交易环境中，第三方支付模式的推出，在一定程度上解决了网上银行支付方式不能对交易双方进行约束和监督，支付方式比较单一；在整个交易过程中，货物质量、交易诚信、退换要求等方面无法得到可靠的保证；交易欺诈广泛存在等问题。其优势还体现在以下几方面：第一，对商家而言，通过第三方支付平台可以规避无法收到客户货款的风险，同时能够为客户提供多样化的支付工具。尤其为无法与银行网关建立接口的中小企业提供了便捷的支付平台；第二，对客户而言，不但可以规避无法收到货物的风险，而且货物质量在一定程度上也有了保障，从而增强了客户网上交易的信心；第三，对银行而言，通过第三方平台，可以扩展业务范畴，同时也节省了为大量中小企业提供网关接口的开发、维护费用。

可见，第三方支付模式有效地保障了交易各方的利益，为整个交易的顺利进行提供了支持。

四、第三方支付的未来趋势

随着第三方支付应用领域的深化和拓展，未来带有金融属性的第三方支付将成为行业发展的一个重要方向，同时具备金融支付实力的企业将拥有良好的市场竞争力和发展潜力。目前，在此领域形成较大交易规模且成为国内第三方支付行业佼佼者的企业主要包括汇付天下、支付宝、快钱、财付通、银联在线、易宝支付等。

（一）布局传统金融理财行业

第三方支付线上理财主要包括基金、保险（主要是指寿险等投资联结保险，财产保险除外）、信托、银行理财、投融资类业务和券商集合理财等互联网支付结算业务。目前，国内主流第三方支付巨头已悉数获得基金支付结算许可，政策的放行一方面有助于突破传统金融产品销售渠道瓶颈、降低运营成本、提升客户黏性和品牌专业形象，加速传统金融行业电子商务化进程；另一方面也为第三方支付企业拓展新的市场和盈利空间、稳固市场份额及其市场地位，提供了有利条件。

（二）转型 B2B 金融服务提供商

目前，国内部分第三方支付企业除已初步形成的投资理财支付外，正逐渐将业务范畴扩展至B2B的企业流动资金管理需求上，致力于成为供应链金融提供商。

供应链金融是指主要包括产业链支付（信用支付）、供应链保理等业务，主要围绕第三方支付应用领域，管理上下游中小企业的资金流和物流，变单个企业的不可控风险为供应链企业整体的可控风险，通过立体获取各类信息，将风险控制在最低的金融服务。

（三）渗透 P2P 与小额贷款资金监管领域

P2P 信贷是指个人与个人间的小额借贷交易，一般需要借助电子商务平台帮助借贷双方确立借贷关系并完成相关交易手续。对于普遍担忧的资金安全，部分 P2P 信贷平台与具有人民银行认可资质的第三方支付平台合作，使网站资金与用户资金完全隔离，分开托管，并形成封闭的支付环境。资金全部由客户通过第三方支付平台自主操作完成，规避了资金挪用风险。在法律法规没有对网贷资金强制要求的情况下，第三方支付独立托管的方式目前是 P2P 行业的主要方向。

网络小额贷款是指互联网企业与金融机构以借款人的信用发放贷款，债务人无须提供抵押品或第三方担保。以阿里巴巴小额贷款公司为例，其提供的贷款不需要抵押，虽然利息比银行高，但是高利息的部分可以随贷随还，按日计息，因此利息总额并不是非常高。再例如，以支付宝为代表的第三方支付充当了资金监管方，从而在平台商户、网络小额贷款、第三方支付工具之间形成一个封闭体系，有效防止资金的挪用。

（四）第三方支付企业全力进军金融支付业务

随着当前第三方支付的迅速发展，未来会有更多的第三方支付企业将全力进军金融支付业务，致力于互联网金融理财和企业资金加速。据相关资料显示，汇付天下、支付宝（含阿里系企业）、快钱依次位列中国第三方金融支付交易规模的前三位，主要包括在线理财、供应链金融服务、P2P 与小额贷款资金监管业务的交易规模。

第五节　移动支付

一、互联网金融概述

互联网金融是当今我国经济热点问题。一方面，我国互联网金融发展迅猛，近年来，随着互联网技术和电子商务的快速发展，互联网技术全面渗透到了金融业，对金融业产生了深远的影响，互联网金融随之应运而生。互联网技术的广泛运用将对人类金融模式产生根本影响。另一方面，互联网金融快速发展的同时，其风险也日益凸显出来。其中，影响最为严重的是频频发生的互联网跑路和倒闭事件。

作为新兴事物，互联网金融的定义有广义与狭义之分。广义上的互联网金融是指在世界范围内只要是以互联网技术为依托而开展的金融活动，不仅包括互联网金融交易与服务，还包括互联网金融安全与监管等方面。而狭义上的互联网金融仅是指网络银行、证券、保险、信托等网络金融服务。

二、互联网金融发展

（一）行业规模迅速增加

中国互联网金融在近几年的发展态势十分迅猛，以电子商务金融、创新型理财工具、移动支付、众筹等为代表的互联网金融行业呈现出爆发性的增长。

（二）业态门类相对齐全

互联网诞生于美国，欧美国家的金融体系也比较完善、成熟。因此，其传统金融体系与互联网的融合较之世界其他国家，时间更早、程度更高。互联网金融目前在欧美国家的主要模式大致分为 6 种，分别是互联网支付、P2P 网络借贷、众筹融资、互联网银行、互联网证券及互联网保险等。中国互联网金融发展历程要远短于欧美等发达国家，但由于中国经济的迅速发展、互联网普及率的大幅提高及金融创新的加速发展，中国互联网金融在近几年取得了飞速发展。

尽管学术界对中国互联网金融模式尚未取得共识，但从研究中可以发现，中国互联网金融发展模式涵盖了发达国家互联网金融发展的所有模式，业态门类较为齐全，且发展规模较大，尤其以第三方支付和 P2P 发展最为迅速。但受限于不甚健全的监管法规、薄弱的创新意识。总体来看，我国互联网金融发展模式与国外市场的模式结构基本相同，但相比国外已经形成一定规模的互联网直营银行、直营保险和在线折扣券商等纯线上模式，我国尚处在起步摸索阶段。

（三）互联网基础资源良好

互联网基础资源是互联网金融发展的重要保障。近年来中国互联网金融的快速发展也是与互联网的迅速发展息息相关的。中国互联网的快速发展主要体现在三个方面：一是大多数中国人已经接触互联网，手机网民占比超九成；二是“.cn”域名注册保有量居全球第一，国际出口带宽创新高；三是 Wi-Fi 无线网络普及迅速，移动互联网更贴近生活。手机、平板电脑、智能电视带动家庭无线网络使用，网民通过 Wi-Fi 无线网络接入互联网的比例高达 91.8 %，目前，Wi-Fi 无线网络已成为网民在固定场所下接入互联网的首选方式。互联网基础资源推动了近年来互联网金融的迅猛发展。

（四）产业呈现集聚现象

互联网金融在快速发展的同时，还呈现出向金融发达地区集聚的特征。主要体现在以下几个方面。

一是 P2P 向经济金融发达地区集中。根据 P2P 借贷公司在工商局的注册信息看，全国各省市均有 P2P 平台设立；由于优越的地理位置、开放的经济环境、良好的金融条件，广东、北京、上海、山东和浙江是全国平台数量最多的 5 个省市，这 5 个省市的平台数量总额占全国 P2P 平台数量的 63.22 %，即一半以上的平台都设立在了经济发达的省市；前 10 位省市的平台数量总额占全国 P2P 平台数量的 80.47 %。从区域看，长三角地区的 P2P 平台数占全国总数量的 30.34 %，珠三角地区所占比重为 20.31 %，京津冀地区所占比重则为 16 %。3 个经济圈占全国的比重达到了 66.65 %。

二是从 P2P 综合发展指数看，P2P 仍呈产业集聚的趋势。广东、北京、上海、浙江、江苏位居全国前 5 位，而其中，山东省虽然问题平台发生率较高，但该地区的网贷综合收益率也较高，使得安全收益得分高于平均水平，综合排名第 6 位。另外，按照成交因子、安全收益因子、流动性因子得分可以将全国 31 个省级行政区（除中国香港、中国澳门、中国台湾外），分为 6 大梯级。广东、北京、上海、浙江、江苏、山东等经济发展较快的省市的 P2P 发展指数均处于前 3 个梯队。

三是互联网金融龙头企业向经济发达省市集中。这一点在上海表现得尤为突出。上海不仅是中国网络借贷行业的发源地，而且也是各种创新模式的集大成者；在上海互联网金融机构中，很多企业在业内都是非常有名或者说是顶尖的。例如，中国首家纯线上模式的 P2P 平台——拍拍贷；中国首个网络信贷服务业自律行业组织——上海市网络信贷服务业企业联盟；创立了网络信贷 B2C 即垂直金融搜索引擎模式、首个 OFA 在线融资贷款代理模式——融道网；中国首个大型金融集团开设的 P2P 平台——陆金所；中国首个网络信贷征信数据库——“网络金融征信系统（NFCS）”。众安在线、中国银联、支付宝、平安陆金所、拍拍贷、点融网、东方财富、万得信息等均集聚在上海。

很显然，在经济发展相对发达的长三角、珠三角和京津冀地区，由于具有良好的政府环境、资本市场环境、人才环境、法制环境、基础设施环境等，互联网金融行业也快速发展，并向这些经济发展相对发达的地区集中。

三、互联网金融发展趋势分析

（一）互联网金融业务创新

网络时代的金融业务不同于以往任何时代的发展规律，由于信息技术的应用，很多传统金融业中并不存在的业务露出了冰山一角，且通过技术应用探索和挖掘这些潜在的业务可以说是目前业务创新的一个趋势。最初的网络金融业务只是应用了网络信息技术在虚拟的网络空间模拟传统金融业务的流程，如网上银行、网上证券、网上保险等。但信息技术的应用并不仅限于此，网络金融服务中存在大量的交易和结算，由此滋生了网上支付结算业务。网络中存在着大量的金融信息，对此进行整合和筛选，进而推出网络金融信息服务平台。随着网络技术的不断发展，对网络金融业务新领域的探索将是各个金融服务提供商长期的课题之一。

互联网金融业务创新的表现如下。

第一，重视个人金融信息服务。如今网络使用者与日俱增，而这其中的大部分用户属于个人用户，在今后网络金融的发展当中，个人网络金融业务将会更加丰富、多样化，同时更加细化、更加贴近日常生活。

第二，加强关联业务发展。网站提供公共事业服务这类贴近生活的服务是难能可贵的。由于现实中用户需要关注与日常生活相关的金融服务，因此这类业务将在未来得到更好的发展。

第三，业务流程更加人性化。网站版面清晰，所有业务一目了然。用户在办理业务的时候十分方便，需要填的资料提示清楚，步骤明确。这种人性化的流程带来了很好的用户体验，有利于提高客户忠诚度。

（二）互联网金融的经营模式创新

互联网金融的经营模式创新离不开网络时代信息技术的不断进步，同时也和金融业务的变化密不可分，但是真正决定其经营模式发展方向的是金融业的经营导向。最初国外很多国家都是以金融机构的盈利及便利为经营导向，采用金融业混业经营模式，其商业银行从事多种业务（如投资银行业务），为了盈利进行内幕交易、股市操纵，最终不可避免地导致金融危机爆发，残局难以收拾。一些国家把分业经营的模式作为过渡并最终将其转变为以消费者需求和便利为经营导向的混业经营模式。这对于网络金融时代的金融服务提供商尤其重要，因为在网络时代，网络金融服务提供商的成本大大降低，导致行业进入门槛下降，竞争更加激烈，客户的可选择性大大增加，所以只有更好地满足消费者个性化需求，为消费者谋求便利才能给金融服务提供商带来盈利和发展。以 BeatThatQuote.com 为例，该网站提供的所有业务都体现了以消费者需求和便利为经营导向的混业经营模式。除了银行业务、保险业务，还增加了公共服务业务，方便了普通人群缴纳电费、煤气费、网费、电话费，并且这些业务都提供价格比较服务。这也是该网站能够成为英国发展最快的价格比较服务网站的原因。由此可见，以消费者需求和便利为经营导向的混业经营模式是我国网络金融经营模式未来可行的发展方向。

（三）互联网金融盈利模式创新

互联网金融盈利模式的发展与各国传统金融盈利模式的发展息息相关却又迥然不同。传统金融的业务大致可以分为对公业务和对私业务，盈利模式又包括利息收入、保险金及各种中介费、代理费等。国外采用混业经营模式，经营多种互相渗透的业务，商业银行存贷利差收入在盈利中的比例逐渐下降，个人金融服务盈利增加。这也正是国外互联网金融盈利模式的发展方向，由于互联网金融面向的是所有人群，其主要服务对象是个人，因此以个人服务费和中介费为主的盈利模式成为主流。以 BeatThatQuote.com 为例，该网站主要的盈利模式为个人金融服务的佣金收入，而采用这种盈利模式的网站不在少数。可以预见，在今后的发展中将会出现各种形式的中介费用。我国与国外的传统金融盈利模式有很大的差别。首先在传统的银行业我国的盈利来源主要靠存贷利差，利息收入占总收入的比例很大，中介费和代理费的盈利比重很少。这主要是由于我国存贷款利率差别大、储蓄规模大、实行严格的分业经营制度导致的。在互联网金融发展方面，国内外服务对象相同，主要面向个人金融服务，因此以服务费和中介费为主的盈利模式也是国内网站的发展趋势。

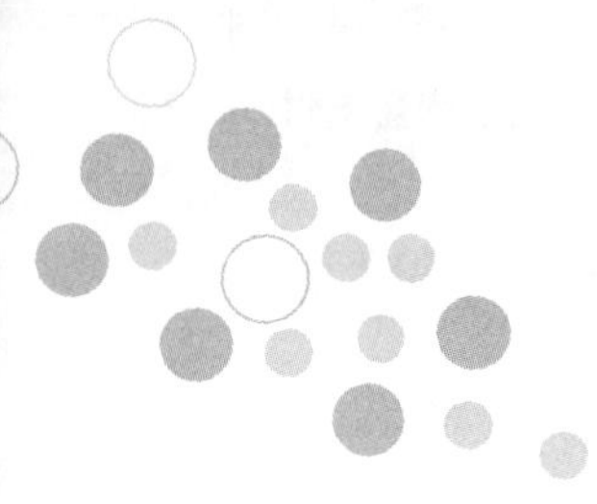

第六章　电子商务物流

第一节　电子商务物流系统概述

一、电子商务物流系统的概念

电子商务物流系统是指在实现电子商务特定过程的时间和空间范围内，所有需位移的商品（或物资），包括设备、装卸搬运机械、运输工具、仓储设备、人员和通信联系设施等相互制约的动态要素所构成的具有特定功能的有机整体。电子商务物流系统的目的是在商品满足供给需求的前提下，通过各种物流环节的合理衔接，以占用最少的资源，按时完成对商品的转移，并取得最佳的经济效益。电子商务物流系统既是电子商务系统中的一个子系统或组成部分，也是社会大系统的一个子系统。

二、电子商务物流系统的构成

物流系统是由采购、运输、储存、装卸搬运和配送等各环节组成，它们也可以称作物流的子系统。作为物流系统输入的运输、储存、搬运和装卸等环节所耗费的劳务、设备及材料等资源，经过处理转化成为物流系统的输出，即物流服务。

电子商务物流系统与传统的物流系统并无本质的区别，不同之处是电子商务物流系统突出强调一系列电子化、机械化、自动化工具的应用及准确、及时的物流信息对物流过程的监督，它更强调物流的速度、信息的畅通和整个系统的合理化。随着电子商务交易过程中实物流的流动，拥有畅通的信息流把相应的采购运输仓储配送等业务活动联系起来，使其协调一致，是提高电子商务物流系统整体运作效率的必要途径。

三、电子商务物流系统的特点

电子商务物流系统定位在为电子商务的客户提供服务。它是对整个物流系统实行统一信息管理和调度，按照用户订货要求，在物流基地进行理货工作，并将配好的货物送交收货人的一种物流方式。这种体系要求物流系统提高服务质量、降低物流成本及优化资源配置。为了达到上述目的，电子商务物流系统需要具备以下特点。

（一）功能集成化

电子商务物流系统着重将物流与供应链的其他环节进行集成，包括物流渠道与商流渠道的集成、物流渠道之间的集成、物流功能的集成、物流环节与制造环节的集成等。物流系统的竞争优势主要取决于它的功能整合与集成的程度。

在电子商务时代，物流发展到集约化阶段，这种一体化配送中心不仅提供仓储和运输服务，还必须开展配货、配送和提高附加值的流通加工服务项目，也可以按客户的需求提供其他服务。现代供应链管理通过提供从供应商到消费者供应链的运作，使物流达到最优化。作为一种战略概念，供应链也是一种产品，而且是可增值的产品，其目的不只是降低成本，更重要的是提供用户期望以外的增值服务，以产生和保持竞争优势。从某种意义上讲，供应链是物流系统的充分延伸，是产品与信息从原料到最终消费者之间的增值服务。

（二）具有复杂性、动态性

电子商务物流系统与传统物流系统相比更为复杂，这主要是由电子商务自身特点所决定的。电子商务要求物流系统提供更加完备、迅速和灵活的服务，并随时保持物流系统的畅通。符合电子商务快速和灵活要求的物流系统将比以前的物流系统更为复杂，而且需要具有一定的柔性，可随时根据环境和需求变化进行动态调整。

（三）服务系列化

在电子商务下，物流系统除强调物流配送服务功能的恰当定位与完善化、系列化及传统的仓储、运输、包装和流通加工等服务外，还在外延上扩展至市场调查与预测、采购及订货处理，向下延伸至物流配送咨询、物流系统方案的选择与规划、库存控制策略协议、货款回收与结算、教育培训等增值服务，而且在内涵上提高了上述服务对决策的支持作用。

（四）手段现代化、流程自动化

电子商务下的物流系统使用先进的技术、设备与管理为销售提供服务，生产、流通和销售的规模越大、范围越广，物流配送技术、设备及管理越现代化。而物流系统流程自动化是指运送规格标准、仓储、货箱排列装卸、搬运等按照自动化标准作业，商品按照最佳配送路线运输等。

（五）组织网络化和规模化

Internet 无边际特点导致了电子商务客户区域的离散性和不确定性，显然，过于分散的配送网络不利于物流企业实施集中的批量配送。但随着现代通信技术和网络技术的发展，构建跨地区的物流网络已经成为可能。为了保证对产品提供快速、全方位的物流支持，电子商务物流系统就需要建立全国性、规模性的物流网络，保证整个物流配送网络有最优化的库存水平及库存分布。

（六）经营市场化

电子商务物流系统的具体经营采用市场机制，无论企业自营物流，还是委托第三方物流企业承担物流工作，都必须保证整个物流系统以最小的输入得到最佳的物流服务效果。在电子商务下，物流业要以服务市场为主要宗旨。从当前的物流现状看，物流系统不仅要为本地区服务，而且还要做长距离的服务。因此，如何满足市场需求便成为物流系统中的中心课题。

另外，物流系统不仅与生产厂家保持紧密的伙伴关系，而且直接与客户联系，能及时了解客户的需求信息，起到连接厂商与客户的桥梁作用。

（七）企业信息化

在电子商务时代，要提供最佳的服务，物流系统必须要有良好的信息处理和传输系统。物流信息化不仅包括储存、运输等物流活动的信息管理和信息传送，还包括为物流过程中的各种决策活动提供支持，即充分利用计算机分析物流数据、进行决策、降低成本和提高效率。

大型的配送公司都建立了 ECR 和 JIT 系统。一般仓库商品的周转次数为每年 20 次左右，如果利用 ECR 系统，周转次数可增加到每年 24 次。通过 JIT 系统，可以很快地得到销售反馈信息。

（八）管理法治化

在宏观上，要有健全的法规、制度和规则；在微观上，新型物流企业要依法办事、按章行事。

第二节　电子商务物流运作模式

一、自营物流模式

（一）采用自营物流的企业

1. 传统大型生产制造企业或批发零售企业

这类企业在长期发展过程中，已经建立起一定规模的营销网络和物流配送体系，在进行电子商务时只需将原来的功能加以改进、完善，就可满足电子商务条件下对物流配送体系的要求。

2. 资金实力雄厚且业务规模较大的电子商务企业

这类企业凭借其庞大的连锁分销渠道，利用电子商务技术构建符合自身发展需求的物流体系，进行物流配送服务。建立适应自身业务需要的畅通高效的物流系统，也可为其他物流服务需求方提供第三方综合物流服务，充分利用自身的物资资源，实现规模效益。需要说明以下几点。

第一，自营物流并非不能把有些功能外包。

根据自身条件，可以将有关的物流服务委托给专门的企业去做，即从市场上购买有关的物流服务（如向运输公司购买运输服务，向仓储企业购买仓储服务）。但这些服务只限于一次或者一系列分散的物流功能，而且是临时的、纯市场交易的服务。另外，即便物流服务的基础设施为自身所有，但也可以委托有关的物流企业运作，如请仓库管理公司管理仓库，或请专业物流企业运作管理现有的企业车队。从产业进化的角度看，这是一个进步。

第二，自营物流应充分借助于传统流通渠道。

对于已经开展传统商务的企业，可以建立基于网络的电子商务销售系统，同时也可以利用原有的物流渠道承担电子商务的物流业务。传统流通渠道在电子商务环境下依然有其不可替代的优势。首先，传统商业历史悠久，有良好的顾客基础，已经形成的品牌效应在很大程度上是配送信用的保证。其次，那些具有一定规模的连锁店、加盟经营店使准确及时的配送在全国范围内成为可能。最后，由于传统渠道本身也存在商品配送的任务，如果网站把商品配送任务交给传统流通渠道解决，那么可以充分利用一些闲置的仓储、运输资源，相对于使用全新的系统，成本降低了。

（二）自营物流的优点

1. 掌握供应链控制权

采用自营模式的企业对于企业内部的采购、生产加工和销售等环节，原材料和最终产成品的性能、规格，产品供应商及产品销售商的经营能力，都能掌握最详尽的资料。可以帮助企业运用自身掌握的各种资料有效协调各个环节的物流活动，以较快的速度、较高的质量解决物流活动管理过程中出现的各种问题，获得供应商、销售商及客户的最新、最真实的信息，以便随时调整企业自己的生产经营策略。

2. 信息沟通渠道畅通

由于全部由企业自己经营物流业务，采用自营模式的企业可以方便地管理整个物流流程，物流部门和其他部门的信息沟通渠道畅通，方便沟通，为搞好物流提供了良好的环境。

3. 盘活企业原有资产

根据中国仓储协会的调查，目前生产企业中 73 % 的企业拥有汽车车队和仓库，33 % 的企业拥有机械化装卸设备，3 % 的企业拥有铁路专用线；商业企业中 36 % 的企业拥有汽车车队和仓库，7 % 的企业拥有机械化装卸设备。企业选择自营物流的模式，可以在改造企业自营管理结构和机制的基础上盘活原有物流资源，带动资金流转，为企业创造利润空间。

4. 降低交易成本

选择物流外包，由于信息的不对称性，导致企业无法完全掌握物流服务商完整、真实的资料。而企业通过内部行政权力控制原材料的采购和成品的销售，可不必就相关的运输、仓储、配送和售后服务的佣金问题进行谈判，避免多次交易花费及交易结果的不确定性，降低交易风险，减少交易费用。

5. 避免商业秘密泄露

对于任何一个企业来说，其内部的运营情况都是处于相对封闭的环境中，这不只是外界对于企业运营了解渠道匮乏的原因之一，更重要的是企业为了保持正常的运营，特别是对于某些特殊运营环节，如原材料的构成、生产工艺等，不得不采取保密手段。当企业将运营中的物流要素外包，特别是引入第三方进行经营其生产环节中的内部物流时，其基本的运营情况就不可避免地向第三方公开。而在某一行业专业化程度高、占有较高市场份额的第三方会拥有该行业的诸多客户，企业物流外包就可能会通过第三方将企业经营中的商业秘密泄漏给竞争对手，削弱企业的竞争力。

6. 提高企业品牌价值

企业自建物流系统，就能够自主控制营销活动。一方面，可以亲自为顾客服务到家，使顾客以最近的距离了解企业、熟悉产品，提高企业在顾客群体中的亲和力，提升企业形象，让顾客切身体会到企业的人文关怀；另一方面，企业可以掌握最新的顾客信息和市场信息，从而根据顾客需求和市场发展动向调整战略方案，提高企业的竞争力。

（三）自营物流的缺点

1. 企业投资巨大

电子商务公司自营物流所需的投入非常大，建成后对规模的要求很高，大规模才能降低成本，否则将会长期处于不盈利的境地。而且投资成本较大、时间较长，对于企业柔性也有不利影响。

2. 管理难度较大

对于绝大部分企业而言，物流并不是企业所擅长的活动。在这种情况下，企业自营物流就等于迫使自己从事不擅长的业务活动，企业的管理人员往往需要花费过多的时间、精力和资源去从事物流的工作，结果可能是不仅辅助性的工作没有做好，还没有发挥关键业务的作用。

3. 配送成本较高

对规模较小的企业来说，企业产品数量有限，采用自营物流，不足以形成规模效应。一方面导致物流成本过高，产品成本升高，降低了市场竞争力；另一方面，由于规模的限制，物流配送的专业化程度较低，企业的需求无法得到满足。

4. 无法准确评估效益

许多自营物流的企业内部各职能部门独立地完成各自的物流活动，没有将物流费用从整个企业剥离出来进行独立核算，因此企业无法准确地计算出产品的物流成本，所以无法进行准确的效益评估。

二、第三方物流模式

第三方物流自 20 世纪 80 年代在欧美等工业发达国家出现以来，其独特的魅力受到了企业的青睐并得到迅猛发展，被誉为企业发展的“加速器”和 21 世纪的“黄金产业”。完善的第三方物流企业能够提供货主所需的所有环节的物流服务，包括仓库存货代理、运输代理、托运代办、通关代理等业务。第三方物流可以帮助企业提高劳动生产率、消减成本、增加灵活性。有迹象表明，企业对第三方物流服务的利用率将会越来越高，范围也将越来越广。

（一）第三方物流的含义

根据运作主体的不同，物流的运作模式可以分为第一方物流、第二方物流及第三方物流。第一方物流（First-Party Logistics，缩写为 1PL）是指由卖方、生产者或供应方组织的物流活动，这些组织的核心业务是生产和供应商品，为了生产和销售业务需要而进行物流自身网络及设施设备的投资、经营与管理。第二方物流（Second-Party Logistics，缩写为 2PL）是指由买方、销售者组成的物流活动，这些组织的核心业务是采购并销售商品，为了销售业务投资建设物流网络、物流设施和设备，并进行具体的物流业务运作和管理。第三方物流（Third-Party Logistics，缩写为 3PL）是 20 世纪 80 年代中期由欧美学者提出的概念。在 1988 年美国物流管理委员会的一项顾客服务调查中，首次提到了“第三方物流提供者”一词。自 20 世纪 80 年代开始，一方面由于企业剥离意识不断提高，另一方面由于物流服务商的服务能力不断增强，导致一些厂商开始尝试将部分物流业务委托给专业化的物流服务商，在得到能够降低成本提高服务的印证后，一些企业甚至开始将全部物流业务外包出去。根据我国 2007 年 5 月 1 日起正式实施的《物流术语》，其最新修订版本为（GB/T 18354-2021），第三方物流是指“独立于供需双方为客户提供专项或全面的物流系统设计或系统运营的物流服务模式”。

第三方物流是社会化、专业化的一种物流形式。它是企业生产和销售外的专业化物流组织提供的物流，而不是某一企业内部专享的服务。第三方物流有广义和狭义两种理解。广义的第三方物流是相对于自营物流而言的，凡是由社会化的专业物流企业按照货主的要求所从事的物流活动都可以归入第三方物流范围之内。狭义的第三方物流主要是指能够提供现代的、系统的物流服务的第三方物流。

第三方物流在全球范围内发展迅速，方兴未艾，它是经济发展和社会需求的产物。第三方物流操作方式是根据合同条款规定的要求，提供多功能、全方位的物流服务。与传统的以运输合同为基础的运输公司相比，第三方物流企业在服务功能、客户关系、设计范围、竞争优势、核心能力及买方价值等方面，发生了巨大的变化。

表 6–1 第三方物流的变化

	运输合同	物流外包	SCM（供应链管理，即第三方物流）
服务功能	简单功能	多功能	多功能集合，增加宽度和复杂性
客户关系	交易	长期协议	战略合作伙伴关系
设计范围	本地、地区性	跨区域	全球化、门到门的区域
竞争趋势	分散	合并、联盟	比较分散，但战略联盟使小型变大
核心能力	资产和过程执行	从资产型向信息型转变	以信息和知识为主
买方价值	减少	地域扩张	优化成本、优化服务

（二）第三方物流的特征

1. 合同导向

普通的运输或仓储合同往往只针对一次性交易，只包含一项或分散的几项物流服务。而第三方物流是根据合同条款规定的要求，提供多功能甚至全方位的物流服务，它不是满足一般性的临时需求，而是针对一段时期内的需求。

2. 个性化服务

第三方物流服务对象一般较少，只有一家或数家，服务时间却较长，往往长达几年。这是因为需求方的业务流程各不相同，而物流、信息流是随商流或价值流而流动的，因而要求第三方物流服务应按照用户的业务流程来设计。传统的运输、仓储企业由于服务对象众多而只能提供单一、标准化的服务，无法满足用户的个性化需求。

3. 服务建立在现代信息技术基础上

现代信息技术的发展是第三方物流产生的必要条件。计算机、网络和通信技术，实现了数据处理的实时化、数据传递的高速化，使库存管理、运输、采购、订单处理、配送等物流过程自动化、一体化的水平不断提高，用户可以方便地通过信息平台与物流企业进行交流和协作，这就使用户企业有可能把原来在内部完成的物流作业交由物流公司运作。

4. 与用户企业是联盟伙伴关系

第三方物流企业与用户（或货主）企业不是一般的市场交易关系，而是介于市场交易与纵向一体化（即企业内部提供物流服务）之间的联盟伙伴关系。这就要求物流企业与用户企业之间相互信任，充分共享信息，共担风险和共享利益，以达到比单独从事物流活动所能取得的更好效果，即双赢。

（三）电子商务与第三方物流的关系

1. 第三方物流是电子商务配送的第一选择

第三方物流具有先天的优势，绝大多数的电子商务公司会将第三方物流作为配送的第一选择。一般的电子商务公司不具备亚马逊和沃尔玛那样自营物流系统的能力，它们需要将更多的精力投入到产品开发领域。因此，它们通过与第三方物流企业建立合作联盟的方式，构建自己的竞争优势，在市场竞争中获胜。

2. 第三方物流是电子商务的支点

物流是信息流、商流、资金流、物流“四流”中最为特殊和必不可缺的一环，没有物流业的发展，尤其是第三方物流的发展，电子商务的优势发挥会受到巨大的限制。电子商务只有以第三方物流为支点，才能实现发展上的成功跳跃。

3. 电子商务是推动第三方物流快速发展的重要因素

电子商务信息技术发展促进了第三方物流服务商向信息化、网络化、智能化升级。随着电子商务信息技术的不断进步，电子商务的流程也越来越精细和复杂，第三方物流服务商只有依靠先进的网络信息技术，才能不断地提高适应性和灵活性，实现物流活动信息化和网络化的发展需求。

4. 电子商务是第三方物流整合内部资源的内在动力和外在需求

电子商务的运营本身是无国界的，打破了传统经营方式中地理范围的限制。但是电子商务为众多企业拓展边界的同时，也对企业的物流配送提出了全球化服务的要求。物流配送的全球化趋势使得生产企业不得不依靠专业的第三方物流企业提供物流配送服务，并且它们之间的关系变成了新型的战略合作伙伴关系。

5. 电子商务为第三方物流提供了空前的发展机遇

电子商务高效的运行效率需要高效的物流运作与之相配套，第三方物流成为满足企业电子商务配送需求的首选。

（四）电子商务企业利用第三方物流的利弊

1. 利于企业集中精力在核心业务上

任何企业的资源都是有限的，很难在业务上面面俱到，为此，电子商务企业应把自己的主要资源集中于自己擅长的主业，如电子商务平台的建设、网络营销、订单处理、信息收集、安全支付服务等，而把不擅长的物流等业务留给物流公司。

2. 减少固定资产投资，降低投资风险

电子商务企业自建物流需要投入大量的资金购买物流设备，建设仓库和信息网络，这些资源对于缺乏资金的企业，特别是中小电子商务企业来说是个沉重的负担。而且，资金一旦投入，由于管理非专业化和资产专用性，还会使企业面临无法收回投资和资产处理困难的风险。如果使用第三方物流公司，不仅减少了设施的投资，还可以利用第三方物流企业的专业化管理能力，降低库存，加速资金周转，减少资金风险。

3. 充分发挥专业化管理和规模优势

第三方物流企业专注于物流业务，可以站在物流系统的高度，利用自身专业化的物流规划能力、信息技术处理能力和协调平衡能力把物流系统各个功能有机配合，实现总体成本的最低化。由于第三方物流企业面向社会承接业务，因此可以实现规模化配送，最大限度地减少车辆空载和仓库限制，充分利用物流资源。

4. 为顾客提供更高水平的服务

物流服务水平是企业实力的一种体现。拥有完善的信息网络和节点网络的第三方物流企业能够加快客户订货的反应能力，加快订单处理，缩短交货时间，实现货物“门对门”运输，提高顾客满意度。第三方物流企业严格监控在途货物，可以及时发现并处理配送过程中的意外事故，保证货物安全送达。另外，产品的售后服务、退货处理、废品回收也可以由第三方物流企业完成，保证为客户提供全面且高水平的服务。

当然，与自营物流相比较，第三方物流在为企业提供上述便利的同时，也会给企业带来诸多的不利，主要有：企业不能直接控制物流职能；不能保证供货的准确和及时；不能保证顾客服务的质量和维护与顾客的长期关系；企业将放弃对物流专业技术的开发等。例如，企业在使用第三方物流时，第三方物流公司的员工经常与该企业的客户交往，此时，第三方物流公司会通过在运输工具上喷涂它自己的标志或让公司员工穿着统一服饰等方式，提升第三方物流公司在顾客心目中的整体形象，从而取代该企业的地位。

（五）电子商务企业利用第三方物流的主要类型

外包模式的选择，既要考虑企业自身的实际情况，也要考虑内外环境等因素。一般来说，企业实施物流外包的模式主要有以下两种。

1. 部分外包（专项业务外包）

将物流管理职能工作的一部分外包给第三方物流服务机构，其他部分继续由企业自身负责。这种外包模式有利于企业根据自己在物流业务中的优劣，采取适宜的外包模式，且容易把握和达到外包目的。

2. 整体外包

将一项完整的物流职能全部外包给第三方物流服务机构。例如，将企业物流规划、物流设计、物流信息管理、物流运作等相关工作整体外包。这种模式可帮助企业尽可能减少非核心业务的影响，提高核心竞争力。

（六）电子商务企业利用第三方物流的实施步骤

1. 确定外包对象

在准备实施物流外包服务之前，必须明确界定某一职能业务属性。通常安全性是首要考虑的，同时也要注意不能把关系企业核心业务外包出去。

2. 选择合适的服务提供商

企业外包物流业务确定后，就要考虑如何选择外包服务提供商，一般应从以下几个方面来考虑：

一是外包服务价格；

二是服务提供商的信誉和质量；

三是自身物流业务量的大小。

3. 确定外包方式

一般来说，确定外包方式与外包服务提供商的类型有关。物流外包服务提供商主要有三大类。第一类，物流代理机构，如国际货物运输领域广泛存在的代理机制；第二类，专业的物流服务机构，如中海物流、宝供物流等，是指专门为企业物流外包提供服务的机构；第三类，高等院校、科研院所的物流专家或研究机构，由他们为企业出谋划策也是非常可行的，如对物流业务人员的培训、对物流业务流程的设计等。

4. 物流外包实施与提供相关服务

企业在外包实施过程中需要积极参与其中，主要包括两方面的工作：一是对外包风险的防范与控制；二是企业物流管理部门还要积极配合，为外包服务机构提供必要的信息和资料等。

三、物流联盟模式

（一）物流联盟的概念及特征

1. 物流联盟的概念

物流联盟（Logistics Alliance）是指两个或两个以上的经济组织为实现特定的物流目标而采取的长期联合与合作。换句话说，其是指在物流方面通过签署合同形成优势互补、要素双向或多向流动、相互信任、共担风险、共享收益的物流伙伴关系。

物流联盟是介于自营和外包之间的物流模式，可降低这两种模式的风险。物流联盟是为了达到比单独从事物流活动取得更好的效果，企业间形成的相互信任、共担风险、共享利益的物流伙伴关系。企业之间不完全采取导致自身利益最大化的行为，也不完全采取导致共同利益最大化的行为，只是在物流方面通过契约形成优势互补、要素双向或多向流动的中间组织。

联盟是动态的，只要合同结束，双方又变成追求自身利益最大化的单独个体。狭义的物流联盟存在于非物流企业之间，广义的物流联盟包括第三方物流。电子商务企业与物流企业物流联盟，一方面有助于电子商务企业降低经营风险，提高竞争力，企业还可以从物流伙伴处获得物流技术和管理技巧；另一方面也使物流企业有了稳定的货源。当然，物流联盟的长期性、稳定性会使电子商务企业改变物流服务供应商的行为变得困难，电子商务企业必须对今后过度依赖于物流伙伴的局面做周全考虑。组建物流联盟，作为电子商务企业物流战略的决策之一，其重要性是不言而喻的。

2. 物流联盟的特征

一般来说，组成物流联盟的企业之间具有很强的依赖性，物流联盟的各个组成企业明确自身在整个物流联盟中的优势及担当的角色，内部的对抗和冲突减少，分工明晰，使供应商把注意力集中在提供客户指定的服务上，最终提高了企业的竞争能力和竞争效率，满足企业跨地区、全方位物流服务的要求。物流联盟的风险是容易产生对战略伙伴的过分依赖，由于资产专用性和信息不对称可能使企业蒙受损失，还可能造成核心竞争力的丧失。

西方国家将这种公司合作关系的特点归纳为“8I”。

（1）个体的优秀（individual excellence）

合作双方都是有实力的，并且都有一些有价值的东西贡献给这种合作关系。它们加入这种关系的动机是积极的（追寻未来的机会），而不是消极的（掩盖弱点或逃避困境）。

（2）重要性（importance）

这种关系适合合伙人的主要战略目标，如实现系统的双赢，而且在长期的合作目标中，这种关系扮演着关键的角色。

（3）相互依赖（interdependence）

合作者彼此需要，他们拥有互补的资产和技术。任何一方都无法完成双方合作才能完成的事情，即双方具有充分信任的基础。

（4）投资（investment）

合作者彼此投资（如通过等价交换、交叉物权，或者相互提供服务等），以显示其在合作关系中的投入。并通过这种投入，显示其长期合作的诚意。

（5）信息（information）

双方进行充分的信息交流和共享，包括他们的目标、技术数据、冲突知识、成本、进度、质量控制等信息。运用 EDI 和 Internet 进行充分的交流。

（6）一体化（integration）

通过一定的制度安排，对物流系统功能、资源、网络要素及流动要素进行统一规划、管理和评价，通过要素之间的协调和配合完成物流的整体运作。

（7）制度化（institutionalization）

把联盟关系规范并固定下来，具有明确的责任。这种关系不会因为人为的因素或者一时冲动而遭到破坏。

（8）诚信（integrity）

合作者彼此之间的行为采用使人尊敬的方式，以证明和强化相互间的信任。他们不滥用得到的信息，彼此之间也不搞破坏。

（二）物流联盟的建立方式

物流企业联盟有不同的建立方式，主要包括以下几种。

1. 纵向一体化物流战略联盟

纵向一体化物流战略联盟是指处于物流活动不同作业环节的企业之间通过相

互协调形成的合作性、共同化的物流管理系统。针对我国的实际情况，在不同物流作业环节具有比较优势的各个物流企业之间可以进行合作或形成一体化供应链。

2. 横向一体化物流战略联盟

横向一体化物流战略联盟是指相同地域或者不同地域的服务范围相同的物流企业之间达成的协调、统一运营的物流管理系统。例如，对具有专线运输优势的中小型民营物流企业而言，可以通过自发整合、资产重组、资源共享，依靠自身优势，在短时间内形成合力和核心竞争力，而且自己研发信息系统，使企业在物流领域实现质的突破，形成一个完善的物流网络体系。同时，以连锁加盟形式创建企业品牌也以不断扩大的物流规模获得了人们的普遍关注。

另外，由处于平行位置的几个物流企业结成联盟也是横向联盟的一种形式。目前国内真正能提供物流一站式服务的大型物流企业并不存在。组建横向一体化物流战略联盟能使分散的物流产业获得规模经济和集约化运作，从而降低成本和风险。

3. 混合型物流战略联盟

混合型物流战略联盟是指既有处于平行位置的物流企业，也有处于上下游位置的中小企业加盟组成，他们的核心是第三方物流机构。由于同一行业中多个中小企业存在着相似的物流需求，第三方物流机构水平一体化物流管理可使它们在物流方面合作，使社会分散的物流获得规模经济，提高物流效率。这种物流战略联盟可使众多中小企业联盟成员共担风险，降低企业物流成本，并能从第三方物流机构得到过剩的物流能力与较强的物流管理能力，提高企业经济效益。同时，第三方物流机构通过统筹规划，能减少社会物流资源的浪费，减少社会物流过程的重复劳动。

（三）物流联盟的选择

物流联盟模式选择本质是联盟伙伴的选择，它是建立物流联盟的基础和关键环节，慎重地选择合作对象是联盟顺利发展的前提条件。有学者提出“兼容、能力和承诺”的原则。兼容是指物流伙伴之间通过事先达成协议，建立互惠合作的关系，并使联盟内各伙伴成员在经营战略、经营方式、合作思路及组织结构和管理方式等方面保持和谐一致。作为合作伙伴必须具备一定的能力，使其能够弥补本企业的薄弱环节，只有这样才能建立互惠的关系。物流企业与物流劳务的供需双方形成紧密的战略合作伙伴关系也可促进联盟关系的发展。

物流联盟可依据以下步骤选择联盟对象：

一是在进行认真分析的基础上制定企业长远的战略目标；

二是根据企业的战略目标，寻找互补的合作伙伴；

三是对潜在的合作伙伴做出评估。

（四）物流联盟的优势

大企业通过物流联盟迅速开拓全球市场，如罗兰・爱思，正是与联邦快递联盟，完成其全球物流配送，从而使业务在全球范围内展开。

长期供应链关系发展成为联盟形式，有助于降低企业的风险。单个企业的力量是有限的，其对一个领域的探索失败后损失会很大，如果几个企业联合起来，在不同的领域分头行动，就会减少风险。而且联盟企业在行动上也有一定的协同性，因此对于突如其来的风险，能够共同分担，这样便减少了单个企业的风险，提高了抵抗风险的能力。

企业，尤其是中小企业通过物流服务提供商结成联盟，能有效地降低物流成本，提高企业竞争能力。通过联盟整合，可节约成本 10 % ～ 25 %。由于我国物流业存在诸多不利因素，让这些企业进行联盟能够在物流设备、技术、信息、管理、资金等方面互通有无，优势互补，减少重复劳动，降低成本，达到共同提高、逐步完善的目的，从而使得物流业朝着专业化、集约化方向发展，提高整个行业的竞争能力。另外，物流联盟有助于物流合作伙伴之间在交易过程中减少相关交易成本。物流合作伙伴之间经常沟通与合作，互通信息，建立相互信任和承诺，减少违约风险。即使在服务过程中产生冲突，也可通过协商加以解决，从而避免无休止地讨价还价，甚至提出法律诉讼产生费用。

第三方物流公司通过联盟有利于弥补在业务范围内服务能力的不足。例如，联邦快递公司发现自己在航空运输方面存在明显的不足，于是决定把一些不是自己核心竞争力的业务外包给Fritz公司，与Fritz公司联盟，作为其第三方物流提供商。

四、虚拟物流模式

（一）虚拟物流的概念

美国有学者认为利用日益完善的通信网络技术及手段，将分布于全球的企业仓库虚拟整合为一个大型物流支持系统，以快速、精确、稳定地完成物资保障任务，满足物流市场的高频度、小批量订货需求。虽然后来有一些国内外学者开始研究虚拟物流，但是到目前为止尚没有形成统一的定义。一些学者认为虚拟物流本质上是"即时制"在全球范围内的应用，是小批量、高频度物资配送过程。它能够使企业在世界任何地方以最低的成本跨国生产产品及获得所需物资赢得市场竞争速度和优势。

国家标准《物流术语》（GB/T 18354—2021）将虚拟物流定义为以计算机网络技术进行物流运作与管理，实现企业间物流资源共享和优化配置的物流模式。虚拟物流的概念应包括以下三个方面。

第一，虚拟物流的组建基础是以计算机网络技术和现代通信技术为基础。

第二，虚拟物流组建的目的是实现企业间物流资源共享和优化配置，提供低成本、高质量的物流服务。

第三，虚拟物流的特点是动态性、开放性、暂时性、快速性、核心能力互补性及与物流战略联盟根本性区别的基于物流市场需求机遇的特性。

（二）虚拟物流模式面临的问题

1. 缺乏健全的物流信息平台

虚拟物流的发展离不开物流信息化建设。近年来，随着我国物流行业的不断发展，物流的信息化水平也已经有了显著提高。部分城市已经建立如物流信息网等形式的简单的物流信息平台，但是其功能单一、信息安全和保密性差，与发展城市虚拟物流体系的要求还存在很大差距。

2. 缺乏潜在用户群的理解和接受

虚拟物流作为物流行业的发展前沿，其理论认识尚没有统一。但就当前对虚拟物流的普遍认识，虚拟物流参与方往往没有自己的仓库、车队等显性资源，有的只是信息、知识、方案等隐性资源。参与方由于没有显性资源而得不到需求方的理解和接受。另外，由于全国范围内已成功实施虚拟物流的具体案例也非常少，再加上业界对物流宣传力度不够，导致在今后一段时间内虚拟物流很难获得用户的完全理解和接受。

3. 物流标准化建设尚不完善

发展虚拟物流体系的关键是整合现有的物流资源，这就要求具备完善的物流标准化体系。当前我国城市物流行业低标准造成了社会资源浪费，与物流相关的现有产业标准体系起步较低，缺乏系统性，问题突出表现在托盘、包装、信息技术等通用技术设备与标准上。另外，产业间的标准难统一，制约了物流各相关产业间的统一性和协调性。

4. 从事现代物流虚拟管理或智慧性运筹管理的人才严重匮乏

物流虚拟化需要更高层次的管理人才，要求其除具有基本的运输仓储行业知识、生产服务管理知识、电子通信网络知识及运筹学、统计学等高级理论和知识外，还要具有较强的协调能力和统一指挥调度能力。目前，这样的高级人才在我国还相当匮乏，这是迈向物流虚拟化的最大的、也是最根本的困难。

（三）虚拟物流模式的风险

虚拟物流的成员企业为了实现资源共享、风险共担、优势互补等战略目标，可以在较短的时间内，通过外部资源的有效整合，实现对市场机遇的快速响应。但由于虚拟物流并没有改变各节点企业在市场中的独立法人属性，也没有消除其潜在的利益冲突，因此，虚拟物流也给各联盟企业带来了一些新的风险问题。虚拟物流风险是指由于虚拟物流组织系统内部和外部环境的不确定因素，导致合作联盟的成员发生损失的可能性。虚拟物流组织中的风险可以分为两大类：一类是来自虚拟物流组织外部的风险，包括市场风险、金融风险、政治风险、自然灾害风险等；另一类是来自虚拟物流组织内部的风险，包括能力风险、协作风险、投资风险、运行流程风险等。

虚拟物流作为一种现代物流管理模式，在其酝酿、组建、运行及解体等不同阶段都存在一定的风险，尤其是在市场、法律环境还不完善的情况下，虚拟物流的联盟成员间容易出现互不信任和不规范的行为，从而导致虚拟物流管理模式的中途失败，给企业带来不可挽回的损失。因此，虚拟物流的风险问题及由此带来的负面影响不容忽视，需要加强对虚拟物流风险管理方面的理论研究，以最小的成本，在分析虚拟物流风险的基础上，选择最优的风险处理技术，确保虚拟物流组织安全。

第三节　电子商务物流运作模式的选择

自营物流、外包物流和物流联盟三种模式各有优缺点，企业该如何选择呢?企业选择哪种物流模式，应根据自己的实际需要和资源条件，以提高自身的核心能力和市场竞争力为导向，综合考虑以下主要因素。

一、物流子系统的战略地位

在物流模式选择时，首先要考虑物流子系统在企业战略中的作用及其重要性。物流地位越重要，企业自营物流的可能性就越大，反之亦然。而考虑物流子系统的战略重要性，主要是看其是否构成企业的核心能力。一般可以从以下几方面判断物流子系统是否构成企业的核心能力。

第一，它们是否高度影响企业的业务流程?

第二，它们是否需要相对先进的技术，采用此种技术能否使公司在行业中领先?

第三，它们是否是企业长期积淀的，在短期内不能为其他企业所模仿的?

如果得到肯定的回答，就可以断定物流子系统在战略上处于重要的地位。由于物流系统是多功能的集合，各功能的重要性和相对能力水平在系统中是不平衡的，因此，还要对各功能进行分析。某项功能是否具有战略意义，关键就是看它的替代性。如果其替代性很弱，几乎只有本企业才具备这项能力，那么企业就应该保护好、发展好该项功能，使其保持旺盛的竞争力。

在采用外包模式时，选择职能外包还是组建物流联盟，主要是由物流子系统对企业成功的重要性决定。在物流子系统构成企业战略子系统的情况下，为保持物流的连续性，最好是与物流公司长期合作，建立物流联盟；而在物流不构成企业战略子系统的情况下，采用何种物流模式就需要在顾客服务水平与成本之间寻找平衡点。

二、物流管理能力

企业对物流的管理能力是影响其选择物流模式的又一重要因素。一般而言，在其他条件相同的情况下，如果企业在物流管理方面具有很强大的能力，自营物流就比较可取。企业物流管理能力越强，自营物流的可能性就越大。而在企业物流管理能力较弱的情况下，如物流子系统在战略上仍处于重要地位，则应该寻找合适的物流伙伴建立物流联盟，反之采用物流职能外包较为合适。

应当注意的是，具备了物流能力，并不意味着企业一定要自营物流，还要与物流公司比较“在满足一定的客户服务水平下，谁的成本更低”，只有在企业的相对成本较低的情况下，选择自营的方式才有利；否则，企业应该把该项职能分出去，实行外包。

三、企业柔性

企业需要根据市场变化，不断调整自己的经营方向、经营重点、市场、产品等问题，这就对企业的柔性提出了越来越高的要求。相对而言，外包物流能够使企业具有更大柔性，能够比较容易地对企业业务方面、内容、重点、数量等进行必要的调整。所以，相对而言，处于变化发展速度较快行业中的企业，其商品种类、数量比较不稳定、非规律化，变化较多、较大，需要根据情况较快地调整其经营管理模式及相应的业务，为保证企业具有足够的柔性，应采用物流外包模式；而业务相对稳定，物流商品种类比较稳定、数最大的企业，对企业的柔性要求比较低，更宜采用自营物流模式。

四、物流总成本

在选择物流自营还是外包模式时，要弄清不同的物流总成本。其计算公式为：物流总成本 = 运输成本 + 库存维持费用 + 批量成本 + 固定仓储费用 + 变动仓储费用 + 订单处理和信息费用 + 顾客服务费用。

这些成本之间存在二律背反现象，即减少仓库数量时，可降低保管费用，但会增加运输距离和次数而导致增加运输费用。如果运输费用的增加部分超过了保管费用的减少部分，总的物流成本反而增大。所以，在选择物流系统时，要对其总成本加以论证，选择成本较小的物流系统。

五、产品特点

对于大宗工业品原料的装运或鲜活产品的分销，应利用相对固定的专业物流服务供应商和短渠道物流；对全球市场的分销，宜采用地区性的专业物流公司提供支援；对于产品线单一的或为主机厂作配套的企业，应在龙头企业统一下自营物流；对于技术性较强的物流服务如口岸物流服务，企业应采用委托代理的方式；对于非标准设备的制造商，企业自营物流尽管有利可图，但还是应该交给专业物流公司去做。

六、企业规模与实力

一般说来，大中型企业由于实力较雄厚，有能力建立自己的物流系统，制订合适的物流需求计划，保证物流服务的质量。另外，还可以利用过剩的物流网络资源拓展外部业务，为别的企业提供物流服务。而小企业因受人员、资金和管理的资源的限制，导致物流管理效率难以提高。

另外，企业为把资源用于主要的核心的业务上，就适宜把物流业务交给第三方专业物流代理公司。

七、第三方物流的客户服务能力

在选择物流模式时，考虑成本尽管很重要，但第三方物流为本企业及企业顾客提供服务的能力也对选择物流服务至关重要。换言之，第三方物流在满足企业对原材料及时需求的能力和可靠性的同时，对企业的零售商和最终顾客不断变化的需求的反应能力等方面应该作为首要的因素来考虑。

第七章　电子商务的应用实践

第一节　跨境电子商务应用

一、跨境电子商务的定义

跨境电子商务是指分属不同关境的交易主体，通过电子商务平台达成交易、进行支付、结算，并通过跨境物流送达商品、完成交易的一种国际商业活动。

跨境电子商务有三个要素，分别是交易双方分属不同关境、通过自营或者第三方平台支付交易、需要通过国际物流送往他国。

跨境电子商务有狭义和广义两层含义。从狭义上看，跨境电子商务实际上基本等同于跨境零售（B2C）。跨境零售是指分属于不同关境的交易主体，借助计算机网络达成交易、进行支付结算，并采用快件、小包等行邮的方式通过跨境物流将商品送达消费者手中的交易过程。

从广义上看，跨境电子商务基本等同于外贸电商（B2B + B2C），是指分属不同关境的交易主体，通过电子商务的手段将传统进出口贸易中的展示、洽谈和成交环节电子化，并通过跨境物流送达商品、完成交易的一种国际商业活动。

跨境电子商务形式上是基于互联网开创的一种交易手段和渠道，是“互联网 + 外贸”的一种商务模式，本质上是全球供应链的整合。

二、跨境电子商务的意义

（一）跨境电子商务为企业打造国际品牌提供了新机会

在互联网时代，品牌、口碑是企业竞争力的重要组成部分，也是赢得消费者青睐的关键因素。当前，我国许多企业的产品和服务质量、性能尽管很好，但不为境外消费者所知。跨境电子商务能够有效打破渠道垄断，减少中间环节，节约交易成本，缩短交易时间，为我国企业创建品牌、提升品牌的知名度提供了有效的途径，尤其是给一些“小而美”的中小企业创造了新的发展空间，从而催生出更多具有国际竞争力的“隐形冠军”。目前，我国已有 80 % 的外贸企业开始运用电子商务开拓海外市场。

（二）跨境电子商务是促进产业结构升级的新动力

跨境电子商务的发展，直接推动了物流配送、电子支付、电子认证、信息内容服务等现代服务业和相关电子信息制造业的发展。目前，我国电商平台企业已超过 5 000 家，一批知名电商平台企业、物流快递、第三方支付本土企业加快崛起。更加突出的是，跨境电子商务将会引发生产方式、产业组织方式的变革。面对多样化、多层次、个性化的境外消费者需求，企业必须以消费者为中心，加强合作创新，构建完善的服务体系，在提升产品制造工艺、质量的同时，加强研发设计、品牌销售，重构价值链和产业链，最大限度地促进资源优化配置。

（三）跨境电子商务为政府提升对外开放水平提供了新抓手

发展跨境电子商务，既涉及商务、海关、检验检疫、财政、税务、质量监督、金融等多个部门，也涉及多领域的国际合作；既对政府的快速反应、创新、合作等能力提出了新要求，也对政府传统的体制机制提出了新挑战。以跨境电子商务为抓手，推动政府各部门资源共享、高效运行、统一协作、创新服务，将对提升我国政府对外开放水平起到有力的推动作用。

跨境电子商务对企业来说，极大地拓宽了进入国际市场的路径，大大促进了多边资源的优化与企业间的互利共赢；也促进了相关产业的发展；对政府的对外开放水平起到了一定的推动作用。跨境电子商务一定会更加适应时代的发展，取得更多成就。

（四）消费者可以方便地购买全球商品

对于消费者来说，跨境电子商务使他们能够非常容易地获取其他国家的商品信息并买到物美价廉的商品。

三、跨境电子商务流程

目前对跨境电子商务模式的争议，无非是混淆了新型的跨境电子商务和传统的外贸电商。跨境电子商务和外贸电商的区别主要体现在以下几方面。

第一，交易主体不一样。在外贸电商时代，出口企业无非是运用电子商务手段推广宣传自身品牌及产品，从网上寻找外商求购信息等，故主体是信息流；而在跨境电子商务时代，人们却要试图利用网络把商品直接销售给海外消费者，故主体是商品流。

第二，交易环节不一样。在外贸电商时代，进出口的环节并没有任何缩短或改变；而在跨境电子商务时代，则要求尽量减少或缩短各环节以降低中间成本。

第三，交易方式不一样。在外贸电商时代，交易都是在线下完成的；而在跨境电子商务时代，大多在线上直接完成交易。

第四，税务成本不一样。外贸电商体现的是传统的一般贸易，涉及复杂的关税、增值税及消费税等；而跨境电子商务面临的税收一般要简单很多，如很多只涉及行邮税。

第五，交易模式不一样。外贸电商的基本模式是 B2B，而跨境电子商务的主流模式却是 B2C。

四、跨境电子商务的特征

跨境电子商务是基于网络发展起来的，网络空间相对于物理空间来说是一个新空间，是一个由网址和密码组成的虚拟、但客观存在的世界。网络空间独特的价值标准和行为模式深刻地影响着跨境电子商务，使其不同于传统的交易方式而呈现出自己的特点。

跨国电子商务具有全球性、无形性、匿名性、即时性、无纸化、快速演进等特征。

（一）全球性

网络是一个没有边界的媒介，具有全球性和非中心化的特征。依附于网络发生的跨境电子商务也因此具有了全球性和非中心化的特性。电子商务是一种无边界交易，不像传统交易一样受到地理因素的限制。互联网用户不需要考虑跨越国界就可以把产品尤其是高附加值产品和服务提交到市场。网络的全球性特征带来的积极影响是信息的最大程度共享，消极影响是用户必须面临因文化、政治和法律不同所带来的风险。任何人只要具备了一定的技术手段，在任何时候、任何地方都可以让信息进入网络，相互联系进行交易。

（二）无形性

网络的发展使数字化产品和服务的传输盛行。数字化传输是通过不同类型的媒介在全球化网络环境中集中进行的，如数据、声音和图像等，这些媒介在网络中以计算机数据代码的形式出现，因而是无形的。以一个 E-mail 信息的传输为例，这一信息首先要被服务器分解为数以百万计的数据包，然后按照 TCP / IP 协议通过不同的网络路径传输到一个目的地服务器并重新组织转发给接收人，整个过程都是在网络中瞬间完成的。

数字化产品和服务基于数字传输活动的特性也必然具有无形性。传统交易以实物交易为主，而在电子商务中，无形产品却可以替代实物成为交易的对象，以书籍为例，传统的纸质书籍，其排版、印刷、销售和购买被看作是产品的生产、销售。然而在电子商务交易中，消费者只要购买网上的数据权便可以使用书中的知识和信息。

（三）匿名性

由于跨境电子商务的非中心化和全球性的特性，因此很难识别电子商务用户的身份和其所处的地理位置。在线交易的消费者往往不显示自己的真实身份和自己的地理位置，重要的是这丝毫不影响交易的进行，网络的匿名性也允许消费者这样做。在虚拟社会里，隐匿身份的便利性导致了自由与责任的不对称，人们在这里可以享受最大的自由，却只承担最小的责任，甚至干脆逃避责任。

（四）即时性

对于网络而言，数据的传输速度和地理距离无关。传统交易模式下，信息交流方式如信函、电报、传真等，在信息的发送与被接收间，存在着长短不一的时间差；而在电子商务中的信息交流，无论实际时空距离远近，一方发送信息与另一方接收信息几乎是同时的，就如同生活中面对面交谈。某些数字化产品（如音像制品、软件等）的交易，还可以即时清结，订货、付款、交货都可以在瞬间完成。电子商务交易的即时性提高了人们交往和交易的效率，免去了传统交易中的中介环节，但也隐藏了法律危机。

（五）无纸化

电子商务主要采取无纸化操作的方式，这是以电子商务形式进行交易的主要特征。在电子商务中，电子计算机通信记录取代了一系列的纸面交易文件。用户与电商的交流通过发送或接收电子信息。由于电子信息以比特的形式存在和传送，整个信息发送和接收过程实现了无纸化。无纸化带来的积极影响是使信息传递摆脱了纸张的限制，但由于传统法律的许多规范是以规范“有纸交易”为出发点的，因此，无纸化带来了一定程度上的法律混乱。

（六）快速演进

互联网是一个新生事物，现阶段尚处在幼年时期，网络设施和相应软件协议的未来发展具有很大的不确定性。基于互联网的电子商务活动也处在瞬息万变的过程中，短短几十年中，电子交易经历了从 EDI 到电子商务零售业的兴起过程，而数字化产品和服务更是花样出新，不断地改变着人类的生活。

五、跨境电子商务的优势

随着互联网、物流网等基础设施建设的加快和移动互联网、大数据、云计算等技术的推动，跨境电子商务在全球范围内快速发展。跨境电子商务发展迅速，与跨境电子商务的独特优势有关。

首先，跨境电子商务适应国际贸易的最新发展趋势。

其次，跨境电子商务能有效降低产品价格。跨境电子商务仅需经过工厂、在线平台、海外商人即可送达消费者，外贸净利润可能是传统贸易的数倍。未来外贸链条还可以更简化，产品从工厂经过在线平台可以直接到国外消费者手中。原来的中间成本一部分变成生产商的利润，一部分成为电子商务平台的佣金，剩下的则成为消费者获得的价格优惠。如果跨境电子商务企业能采用集中采购备货模式，那相较于单笔邮寄，还能大大降低商品采购和物流成本。

再次，跨境电子商务中的上下游多属现代服务业。与跨境电子商务相关联的物流配送、电子支付、电子认证、IT 服务、网络营销等，都属于现代服务业内容。即使是最为传统的快递、物流配送，也建立在信息技术业务系统之上，不仅商品本身已经基于二维码、条码进行了物品编码，而且可以在电商平台实时查询、跟踪商品流通过程，并通过网银或第三方电子支付平台进行支付。

最后，跨境电子商务以消费者为主导。跨境电子商务主要解决的是消费者在国内买不到商品的问题，是贸易增量。跨境电子商务平台让全球同类产品同台亮相，性价比成为消费者购买决策的重要因素。跨境电子商务以消费者为导向，强调个性化的交易方式，消费者拥有更大选择自由，不受地域限制。以“订单投票”，已成为跨境电子商务的发展趋势。

综上所述，跨境电子商务的优势在今天呈现出了勃勃生机，跨境电子商务也将成为未来外贸行业的主流。

六、跨境电子商务的模式

（一）依照买卖双方主体的属性划分

跨境电子商务依照买卖双方主体的属性，可以分为 B2B、B2C、C2C 三种模式。

1. B2B

B2B 模式下，企业与企业之间通过互联网进行产品、服务及信息的交换。B2B 模式的代表性平台有阿里巴巴国际站、环球资源、中国制造网等。

2. B2C

B2C 模式下，买方一般都是境外消费者，卖方以销售个人消费品为主。物流一般以航空小包、邮寄、快递等方式。B2C 模式的代表性平台有全球速卖通、兰亭集势、米兰网等。

3. C2C

C2C 模式下，个人卖方对个人买方开展在线销售产品和服务。C2C 模式的代表性平台有 eBay 等。

（二）依照进出口方向划分

跨境电子商务依照进出口方向，可以分为进口跨境电子商务和出口跨境电子商务。

1. 进口跨境电子商务

在进口跨境电子商务模式下，境外卖家将商品直销给境内买家，一般是境内消费者访问境外商家的购物网站选择商品，然后下单，由境外卖家发国际快递给境内消费者。代购可以算是进口跨境电子商务模式的雏形。

2. 出口跨境电子商务

出口跨境电子商务模式下，境内卖家将商品直销给境外买家，一般是境外买家访问跨境电子商务平台网站，然后下单购买，并完成支付，由境内的商家通过国际物流将货物发送至境外买家。

（三）依照服务类型划分

跨境电子商务依照服务类型，可以分为信息服务平台和在线交易平台。

1. 信息服务平台

信息服务平台主要是为境内外会员商户提供网络营销平台，传递供应商或采购商等商家的商品或服务信息，促成双方完成交易。信息服务平台的代表性平台有阿里巴巴国际站、环球资源网、中国制造网等。

2. 在线交易平台

在线交易平台不仅提供企业、产品、服务等多方面信息展示，并且可以通过平台线上完成搜索、咨询、对比、下单、支付、物流、评价等全购物链环节。在线交易平台模式正在逐渐成为跨境电商中的主流模式。在线交易平台的代表性平台有亚马逊、全球速卖通、米兰网、大龙网等。

（四）依照平台的性质划分

跨境电子商务依照平台的性质，可以分为第三方平台、自营平台、自营与第三方结合平台。

1. 第三方平台

第三方平台模式下，平台型电商通过线上搭建商城，制定交易规则与服务规范，并整合物流、支付、运营等服务资源，吸引商家入驻，为其提供跨境电商交易服务。同时，平台以收取商家佣金和增值服务佣金为主要盈利模式。第三方平台的代表性平台有 eBay、全球速卖通、敦煌网等。

2. 自营平台

自营平台模式下，企业自己建设平台，销售自己的产品，并提供所有的服务。自营型平台主要以赚取商品差价为盈利模式。目前，越来越多的企业通过建立自己的平台进行跨境电子商务业务。自营平台的代表性平台有米兰网等。

3. 自营与第三方结合平台

亚马逊、兰亭集势等平台是典型的自营与第三方结合平台，其为其他企业提供销售平台，同时也自营自己组织的货源。

第二节 移动电子商务应用

移动电子商务服务是围绕移动电子商务活动开展的各项服务业务，是从移动用户需求出发，以移动电子商务运作各环节为内容，为移动电子商务业务的开展提供的一种社会化服务。

一、移动电子商务服务的分类

（一）按照移动电子商务的业务架构模型划分

一是应用服务是指通过移动门户和服务平台直接为移动用户提供具体移动电子商务应用的服务，包括商品交易类服务、社交应用类服务、情境应用类服务、证券金融类服务等。

二是基础服务主要是指基于移动电子商务公共服务平台的各类服务业务，其基本功能是为移动电子商务业务运作提供通用的支持性服务，涉及移动电子商务流程中各个具体环节，包括移动支付服务、移动认证服务、移动信息服务、商品检索服务等。

三是移动网络服务是指为移动电子商务应用提供网络接入与基础设施等方面的系统支持服务，包括业务网关服务、移动网络接入服务、基础设施建设与维护服务、网络安全服务等。

（二）根据使用功能划分

一是信息服务类（新闻、导航、股票信息、电子邮件、即时通信）。

二是移动交易类（实物交易、二手交易、充值、手机钱包、电子优惠券）。

三是移动娱乐类（在线阅读、在线游戏、在线音乐、在线视频）。

四是位置服务类（O2O、移动广告、移动交友、交通路况）。

此外，移动电子商务服务的开展还需要各类服务主体的共同参与、相互配合，这些主体包括电子商务企业、移动网络运营商、内容提供商、服务提供商、移动应用软件开发商、移动系统集成商、移动终端制造商等，他们既是服务提供者也是服务质量控制的实施者。

二、移动电子商务的具体服务项目

（一）移动购物服务

移动电子商务不受时间和空间限制的特点，让用户可以在任何时间、任何地点进行购物，这必将为移动电商企业带来巨大的利润。从用户角度来讲，也可以方便地货比三家，选择更加物美价廉的商品和服务。移动互联网购物市场的发展潜力必将带动营销渠道多元化和高效化，成为降低产品服务营销成本和提高利润的新增长点。除此之外，移动电子商务的发展提供了新的营销手段。它以手机等移动终端为载体，移动用户的身份相对固定，而且用户的个人信息易获得，这样对于商家来讲，就可以根据移动用户上网的浏览记录等信息进行精准营销。由于其是根据用户的喜好兴趣来进行产品和服务营销的，交易达成的可能性就很大。不仅如此，移动电子商务的动态性特征，使得营销主体不受时间和空间限制，可以随时随地进行。

（二）移动社交服务

在“时间就是金钱”的信息时代，生活节奏和商业交易节奏的加快，让越来越多的人生活和工作没有明确界限，他们没有很多时间去“面对面”社交，只能是利用“时间碎片”实现社交需求。面对大量的需求，服务和内容提供商开发出种类丰富多样的移动社交应用。在我国，新浪微博、QQ 空间社区、微信等移动社交平台发展势头迅猛，让整个移动社交市场百花齐放、繁荣兴盛。微信朋友圈是基于微信联系人形成的熟人社交平台，随着用户规模的拓展、产品功能的丰富，弱关系社交也逐渐渗入，在产品内部形成多个相互平行、自成体系的圈子。QQ 空间在关系链上强弱关系兼而有之，在信息维度上则以个体信息为主，媒体属性较弱。微博主打陌生人社交，通过人与人之间的“关注”“被关注”网络来传播信息。在内容维度上，微博正在从早期关注的时政话题、社会信息，更多地向基于兴趣的垂直细分领域转型。移动用户通过手机等移动终端的社交平台，知晓远在千万里之外的朋友的近况，足不出户就能获取全世界的新鲜事。在这个全民“织围脖”的时代，微博“转赞评”次数和“粉丝”数量已经成为社会知名度的一个重要衡量标准。

（三）移动娱乐服务

移动娱乐平台又可以细分为移动游戏、移动视频和移动音乐。其实，从技术角度来讲，要实现移动娱乐服务并不复杂，很多服务可以只通过简单的信息或者图片、图表就可以实现。智能终端设备制造技术的突破，以及新型材料运用，给我们带来的益处越来越明显。智能手机和平板电脑等设备，价格越来越低，性能越来越好，在社会中越来越普及。移动多媒体技术结合功能强大、性能优良的移动终端设备，为用户带来丰富的视听体验。在地铁、公交、商场甚至是大街上，随处可见人们在用手机玩游戏、看电影、听音乐。

（四）移动支付与银行的服务

移动电子支付是移动电子商务应用的一个重要方面，也是移动电商企业盈利的重要手段。它是移动电商企业在数据加密技术、安全认证技术等相关技术的基础上，由银行等金融服务机构独自或者和第三方支付平台开发商共同合作推出的手机客户端或平板电脑客户端等移动终端支付服务，让用户可以随时随地享受金融服务和互联网购物服务。与现金支付相比，移动支付可以让钱包移动化、网络化、便携化，更加方便，在一定程度上也更加安全。手机银行，更是可以让用户可以不去银行就能享受金融服务，不受地点限制、不用排队等候，大大节省了时间和资源，方便用户，对于“时间就是金钱”的信息时代来说，是真正顺应时代潮流的必然选择。同时，手机本身的一些功能比 PC 端会更全面，所以手机银行使用会越来越频繁。我国有诸如支付宝钱包、掌中付、易支付及手机财付通等第三方移动支付平台，也有中国银联推出的银联新一代智能卡手机支付。

（五）移动信息服务

信息时代，信息爆炸是 21 世纪的代名词。然而，只有及时、实时的信息才是具有价值的。移动电子商务的实时性特点，必然引导移动信息服务成为其未来发展的主要趋势之一。目前，移动电子商务主要提供的信息服务包括短信息服务、多媒体信息服务、基于位置的信息服务等。电信运营商可以方便地获取移动用户的个人信息，通过 GPS 等技术可以准确定位用户的位置信息，这样就可以提供一系列跟位置相关的移动互联网服务。例如，为用户提供当前位置附近的酒店、餐馆、商场、影院信息，还可以通过二维码扫描技术让用户下载相关服务的优惠券，提高服务质量；除此之外，旅游行业还可以根据用户的位置信息，为其提供所在城市、区域的旅游景点信息及门票订购服务。欧洲气候多变，在很多欧洲国家，大量的企业职员居住的地方离工作地点很远，气象信息和交通信息需求量巨大。欧洲的移动电商企业看准这一市场，为移动客户提供实时更新的天气和交通信息，移动信息服务成为这些地区移动电子商务市场的重要盈利点。在我国，除了游戏、音乐和视频外，还有很大一部分客户群体喜欢在上班路上、等车坐车时，通过移动终端下载和阅读电子书，也是移动信息服务的一种。

（六）移动办公服务

在机场、候车大厅、公交站牌、商场影院、酒店宾馆，甚至是大街上，随处可见人们使用手机和平板电脑收发邮件，查看商务合同，处理交易订单，就像在办公室一样处理日常工作事务。移动通信技术和移动互联网技术的成熟，加之移动办公带来的高效率，使得移动办公成为越来越受职场精英欢迎的办公方式。移动办公不受时间和地点的限制，而且充分利用了时间碎片，必将引领时代潮流，迅猛发展。移动电子商务能够提供诸如会议通、集团短信、随 e 行、综合邮件和统一消息服务等多种多样的移动办公服务，广泛应用于保险业、税务行业和交通行业中。对于很多采用移动办公的企业来讲，提高工作效率是其最基本的诉求。移动端成为在线政务服务的主要发展方向。

另外，越来越多的公民对政务服务的移动化、服务化和一体化要求进一步加强。依托政务微博、微信公众号和政务客户端等政务新媒体，应该积极开展在线政务方面的探索和完善，实现预约、预审、办理、查询等业务的一体化服务。增强后的移动端服务将更加满足用户需求，更加丰富用户移动需求的场景化应用，更好地提升用户在移动办公的认同感和参与感，实现可持续的政务服务。

（七）应急响应服务

移动电子商务不受时间、地点限制的特性，决定了它在处理紧急事件中的独特优势。实践证明，移动通信和移动电子商务在我国紧急公共卫生事件、自然灾害以及紧急社会事件中都发挥了巨大作用，对于完善应急管理指挥、应急工程救援保障和综合物资调配作用巨大。例如，中国移动通信集团与中国卫星通信集团公司合作推出的“移动应急通信项目”就是移动电子商务在紧急事件应急管理指挥系统构建中发挥作用的试点项目。2013 年 4 月 20 日，四川雅安发生大地震，LBS（基于位置的服务）成了重要的救援方式，而且通过移动社交平台，全民都可以参与救援活动。一方面，可以利用微博互动寻人；另一方面，也可以发布物资短缺信息，这样，看到信息的广大移动用户就可以积极行动起来，捐钱捐物，共同抗震救灾，充分显示出移动电子商务在应急服务中的应用价值体现。由此可见，利用移动互联网与定位技术，地图已经扮演了信息通道的角色，借此，震区外部的网友可以同步了解震区交通、位置状况，灾区的人们也可借此进行互救。在通信受阻的情况下，QQ、微信、微博等移动社交应用也成为灾民发布信息的重要平台，无数关注震灾情况的网友更是不断在这些平台上发布并获取相关信息。在这次地震中，以手机等移动设备为载体的移动互联网更是凸显出了巨大的价值。

（八）移动医疗服务

医疗产业的显著特点是任何一秒对病人都非常关键，这一行业非常适合移动电子商务的开展。在紧急情况下，救护车可以作为治疗的场所，而借助移动无线技术，救护车可以在移动的情况下同医疗中心和病人家属建立快速动态、实时的数据交换，这对每一秒都很宝贵的紧急情况来说至关重要。在移动无线医疗的商业模式中，病人、医生、保险公司都可以获益，也会愿意为这项服务付费。这种服务是在时间紧迫的情况下，向专业医疗人员提供关键的医疗信息。由于医疗市场的空间非常巨大，并且提供这种服务的公司为社会创造了价值，同时，这项服务又非常容易扩展到全国乃至世界，我们相信在整个流程中，存在着巨大的商机。

新的移动与无线技术将缓解医疗专业人士的行政管理重担，利用移动电子商务平台开发的应用，可以提高数据的准确性，减少管理患者信息所需的时间与精力，使他们有更多的时间照料病人。

利用移动无线网络设备，药房的工作人员可以在药品分拣时即登记入库，并通过无线局域网及时反馈到门诊医生手边的移动终端设备，避免其在开药时因不能及时了解到药品信息而造成病人多次往返的麻烦。不同科室的医护人员可以通过无线局域网共享病历信息，及时在网上会诊并提出医治建议，而不必再更改各自的日程表以集中到一起。挂号窗口前的长队将不复存在，因为医院可在门诊室内、病床边，以及任何方便的地点和时间利用无线网络进行患者的门诊注册及住院登记。而当救护车也配备掌上电脑之后，外出为患者服务的路上就可以随时连接医院网络，下载患者病历等历史数据，提前做好救治准备。

在移动终端代替有线网络成为众多医院的基础设施之后，等待我们的将是一个把众多大型急诊医疗机构、家庭医疗诊所、业务办公室及其他一些分支机构连接到一起的无线广域网。“医疗随身化”将真正进入现实生活之中。

（九）移动旅游服务

未来的旅游应向增强与客户的双向交流、改善信息服务、通过个性化服务增加附加值的方向发展。移动电子商务将在旅游信息业务中发挥作用。在旅游服务领域服务对象（旅游者）的移动性决定了旅游服务供应商选择移动电子商务比其他行业商家更为有利可图。通过应用移动电子商务，旅游服务供应商可以找到更多的方法来提高顾客忠诚度、降低运营成本、获取附加利润。

移动电子商务的优势更多地体现在对散客旅游者的服务上，已超越了仅仅为旅游者提供行前帮助，扩展到了旅游活动链的每一个环节。

在行前阶段，旅游者搜索、计划和预订旅程的每一环节。他们最需要的是详尽的信息和方便预订及购票的交易服务。尽管有着高速互联网接入的个人电脑在为旅游者提供预订机票、设计行程或浏览报价产品方面的表现比移动通信设备更胜一筹，然而，移动旅行服务却能提供更好的机会。如果旅游者在行前计划阶段对他所感兴趣的目的地信息做了标注，那么在途中他们可以通过移动设备随时查询这些内容。在典型的旅游移动电子商务应用中，旅行社可以通过互联网接入设备捕捉和整合某一个性化线路所需的旅行内容，并将这些信息同步传递给已在旅游者移动终端上预设的个人信息管理系统（PIM）中。这样可以扩大旅游代理商和旅游信息供应商对于整个旅程的影响。当然，为了使其提供的信息更为有用，不管是桌面应用还是移动界面都必须高度个性化。

在途中，旅游者将会和一切固定互联网旅游服务资源隔离开，在这一阶段，旅游者将会大大受益于移动数据接入，特别是在实时航班预报、机场情况等方面。在旅行过程中，旅游者的旅途安排总会受到偶然因素的影响，比如航班因天气原因被取消或延误、火车晚点、汽车中途抛锚等。遇到这些意外情况，旅游者的原定日程将不得不改变，他们被迫换乘较晚的航班，需要重新安排对旅途中其他城市的游览。一般来说，商务游客受途中意外变故的影响更大，然而正是商务游客构成了旅游业最忠诚且最有价值的客户基础。

如果一个商务游客在途中由于航班延误不能按时到达目的地，错过了一个重要的会议，这时旅游服务商最需要提供的是可替换的航班信息，以及是否可以迅速地重新预订。所有这些都可以通过航空公司的移动电子商务应用来解决，游客不需要再排队换票，机场方面也减轻了柜台人员和其他服务人员应对这种偶发情况的负担。移动电子商务是真正实现以人为中心的旅游电子商务服务。

（十）移动化的物流信息服务

第一，移动电子商务可以利用移动通信网络、移动设备及移动技术，帮助物流企业实现信息的准确，快速传递，加强物流企业与供应商及顾客的信息资源共享。例如，利用手持移动设备，快递人员将货物送到顾客手中时，可以即时采集收货信息，传送回物流信息管理系统即可完成交易，而不必等到送货完成后，回到配送点再逐一录入，极大地提高了服务的效率和准确性。

第二，移动电子商务的应用能够使物流企业更好地实现信息共享，加强顾客与物流企业间的联系，可以大大提高物流服务质量，为产品提供最好的增值服务。

第三，移动电子商务技术的应用帮助物流管理者加强了对人员的监督管理，提高了业务人员的综合服务素质。例如，物流企业可以利用GPS（全球定位系统）、GIS（地理信息系统）和LBS接收器等移动跟踪技术对在途货物与人员进行跟踪定位，这样不仅可以防止货物丢失，还可以对业务人员进行实时监管，提高物流服务水平。

第四，由于移动电子商务的个性化特点，物流企业可以通过向顾客提供产品和快速、灵活的定制服务来满足市场多样化需求与顾客的个性化需求，提高物流服务质量。

第五，移动电子商务可以为“移动的人”提供随时随地、及时的物流服务。例如，顾客可以利用掌上电脑、手机等移动通信终端随时随地通过移动信息平台获取物流信息，实现物流服务的快速、灵活定制与在线实时查询。

（十一）移动教育服务

移动教育正逐步成为在线教育的主流。与PC端相比，移动教育能提供个性化的学习场景，借助移动设备的触感、语音输出等方式，构建出更加个性化的人机交互场景，提升学习本身的趣味性，尤其对于题库类、数字阅读类、音频类在线教育产品，更适合从移动端切入。长远来看，基于移动终端，拥有优质教学内容、能寓教于乐的教育产品，在市场上更有优势。数据技术助力移动教育体验改善。移动教育平台通过大数据挖掘技术，掌握用户个人属性、教育水平、收入、消费等情况，帮助了解用户需求和学习动机，针对具体人群进行精准定位，推荐定制化的学习内容，同时增加平台的商业变现能力。此外，随着VR、AR技术的发展和相关硬件设备的开发，沉浸式教学模式在建筑、物理、医学、生物等专业课程中，为移动教育提供真实场景的教学体验，增强互动性、提升学习效率成为可能。

第三节　企业电子商务信息化建设

电子商务与企业信息化之间存在密切的关系。企业信息化是电子商务发展的基础。企业信息化孕育并推动了电子商务的发展，而电子商务的发展又促进了企业信息化的深入进行和深层次开发。没有企业信息化，社会对电子商务不可能有强烈的追求，只有置身于电子商务中，人们才能感受到企业信息化的重大意义。

一、企业信息化的产生和发展

在当今世界，随着电子信息技术的发展，信息化已经成为社会发展必不可少的手段和工具。企业信息化建设也逐渐被越来越多的现代化企业提上战略发展的日程，在企业战略规划和具体运作管理中发挥着重要的作用。下面将对企业信息化的发展环境进行分析。

（一）国际背景

随着各国对制造行业的重新重视和开发,世界制造业已经开始朝着广义的“大制造业”方向发展，其涉及的概念和领域正逐渐发生着巨大的转变和整合。具体发展趋势概括如下。

1. 信息化趋势

在新时期,制造业除了充分开发和利用在传统制造业中发挥着重大作用的“物质”和“能量”两个元素外，信息在制造业中的作用也日渐突出。信息同其他要素的良好集成成为制造业企业新的核心竞争力。信息化的发展趋势越来越明显。

2. 服务化趋势

随着信息在制造业中所起的作用日渐突出，制造业的运营模式也发生了巨大的转变，基本上实现了由传统的以产品为中心向以客户为中心的生产模式的转变，即在企业具体的运作过程中一切以客户的需求为出发点，在第一时间快速将优质产品投入准确的市场，并通过高效的信息反馈进行新一轮的设计投入的市场生产模式。

3. “高精尖”趋势

企业信息化建设是在结合信息技术、自动控制技术、管理科学、系统科学、生命科学、经济学、物理学及数学等学科的基础上发展起来的。而现代先进技术中的超精密加工技术和数控技术更进一步推动了高新技术或尖端技术在制造行业的应用和发展。

（二）国内背景

在我国，制造业在国民经济中有“发动机”的作用，是对外贸易的支柱和国家安全的保障，更是实现社会主义现代化的原动力，而它面临着一些巨大的挑战。

1. 市场需求日益个性化和多样化

随着市场经济的发展，我国大多数商品市场已经呈现供过于求的局面，这就需要企业改变传统的“以产定需”的生产模式，建立起以市场消费者需求为第一生命力的生产理念。因此，企业必须在第一时间快速将优质产品投入准确的市场，并通过高效的信息反馈，投入新一轮的设计。而这些方面的实现就需要在技术方面有突破，企业的信息化建设势在必行。

2. 国际竞争的挑战

随着经济全球化步伐的加快，以及投资、贸易自由化，给中国企业扩大了资源配置空间。盘活和共享社会资源成为广大企业特别是中小企业信息化的迫切需要，信息技术促进了跨国生产、跨国经营的形成，从而引发了企业结构和产业结构的变革。同时，我国加入 WTO 以后，贸易壁垒逐渐被技术壁垒所替代，劳动密集型企业在知识密集型企业的面前显得更加乏力。因此，了解用户的需求、把握市场的技术前沿、不断自主创新开发新产品已成为企业生存、壮大的命脉。

在现代社会，信息技术和制造业的融合成为现代制造业的主要特征。信息技术对传统产业的注入改变了传统产业结构、企业结构、社会经济结构及其运行模式，促进了全球经济的快速增长和全球经济一体化的形成。而中国制造业只有把握有利的时机，用先进的管理理念、先进的技术实现手段（计算机技术）武装自己，以面对大的国际市场，走科技之路、技术之路、市场之路，才能在激烈的国际竞争中站稳脚跟，实现我国的工业化进程，并在新时代的竞争中立于不败之地。

二、企业信息化的概念和内容

通俗地讲，企业信息化是把信息技术、制造化技术与管理技术相结合，带动企业的产品、设计、装备的创新，实现产品设计、制造、企业管理过程的信息化，制造过程信息化、智能化、网络化。从广义上来讲，企业信息化就是以现代化的信息处理技术和信息设备、网络技术和网络设备，以及自动控制技术和建成现代化的通信系统等手段对企业进行全方位、多角度、高效和安全的改造，以实现通过信息流来控制物质流和能源流，通过信息资源的开发和信息技术的有效利用来提高企业的生产能力与经营管理水平，增强企业在国内外市场中的竞争力。

企业信息化的核心和精髓是先进经营理念、先进管理技术、现代制造技术与现代信息技术的结合，以这个结合来解决企业需求，并且企业信息化的实现是一个按照总体规划、从当前实际出发、不断前进的过程。例如，在现代生产中，生产的控制、测量、加工，以及产品的设计等都无不利用信息技术，始终伴随生产过程的生产信息不断地被收集、传输、加工、存储和使用，使整个生产过程达到自动化。如果将浩如烟海的管理信息，如物资、财务、计划、销售、库存等由人工处理的信息也用现代化工具处理，则企业的信息化就会进入一个更高的层次。一般来说，企业信息化的主要内容可以划分为业务过程信息化和管理信息化两个方面，并且信息化是建立在企业战略规划和相关职能部门基础上的。

1. 生产过程信息化

生产过程信息化即在生产过程中采用先进的IT技术，运用最新的科技成果来提高生产的自动化水平，从而达到增强产品市场竞争力的目的，如产品设计与开发的信息化、生产环节的信息化、生产过程的综合信息化等。

2. 流通过程信息化

流通过程信息化即企业在采购和销售过程中利用先进的现代信息技术代替人

的体力和脑力劳动，重组企业物资流程，以信息流带动物资周转，减少流通费用的过程。

3. 管理系统信息化

管理系统信息化即利用现代的信息技术来代替人的体力劳动和脑力劳动。例如，建立管理信息系统（MIS）、办公自动化系统（OA）、决策支持系统（DSS）等，从而发挥计划、组织、领导、协调和控制等各项管理职能和管理内容信息化，即将管理的重点放在以信息资源为核心的管理上。

4. 组织结构信息化

组织结构信息化就是使组织内不同部门的界面在信息化过程中逐渐模糊，并由静态的递阶结构向动态的网络结构过渡，建立扁平式立体管理组织机构。

5. 生产要素信息化

它主要有两层含义：一方面是要突出信息管理职能，使信息成为创造力、生产力、利润力的源泉；另一方面是指传统生产要素的信息化，促使劳动力、生产工具、劳动对象诸要素通过信息化的功能来释放最大价值。

其中，生产过程信息化和流通过程信息化属于业务层面，而管理系统信息化、组织结构信息化、生产要素信息化则属于管理层面的信息化建设，这两者之间具有极其密切的关系。企业管理自动化服务于企业业务信息化，业务进展的好坏主要取决于企业管理是否先进。而管理信息化作为推动企业发展的主要力量，不仅取决于企业的性质、类型和规模，而且会在不同的企业之间存在较多的共性和规律。从信息化体系来说，如果将生产过程信息化和管理自动化结合起来，则企业信息化建设可以囊括从计算机辅助设计（CAD）、计算机辅助生产（CAM）到计算机辅助管理（MIS、DSS、OA、ES）等。它们组成一个完整的有机的整体，就可以达到企业信息化的最高境界。因此，在管理信息化建设中不仅要注重自身的发展特点，而且要不断借鉴标杆企业从信息管理向知识管理转化过程中的经验和教训。

三、企业信息化的功能和作用

简单来说，企业信息化是发展电子商务的基础，电子商务是推动企业信息化的“引擎”，是对企业信息化的基本理念、内容和功能等的综合运用。两者之间有着相互促进、相互影响、相互制约的关系。

（一）企业信息化是实施电子商务的基础

在信息经济中，企业是根据各种各样的信息来组织生产的。因此，企业首先必须要有获得信息的技术手段，才能够在信息技术的支撑下清楚地知道现实的市场需求，以及对产品需求的具体状况。企业信息化不是在现行的业务流程中增设一套并行的信息流程，而是要按照现代企业制度的要求，适应市场竞争的外部环境，对企业业务流程进行重组和优化，并采用现代信息技术作为支撑手段。而电子商务的实质并不是通过网络购买东西，而是利用因特网技术来改变传统的商业运作模式。电子商务的成功运作可以帮助企业极大地降低成本、节约开支、提高运作效率，并能够更好地为客户提供满意的服务。对企业来说，电子商务是一种业务转型，真正的电子商务使企业得以从事在物理环境中所不能从事的业务。随着企业运用信息技术的发展，企业内部的运行管理机制必然发生变化。电子商务对企业的作用不仅仅会改变交易手段和贸易方式，而且可能在提高供应链管理能力、转移市场重心，以及大幅降低管理费用方面作出重大的贡献。因此，电子商务成为企业流程重组的根本推动力。

（二）企业电子商务是对企业信息化内容、功能的综合运用

电子商务活动的开展标志着企业有效利用企业信息化提供的信息环境，充分体现了 IT 技术运用于网络信息环境的高价值。企业开展电子商务的主要目标就是在新型经济形势下要努力营造出适合企业开拓市场的商业氛围，创造出竞争优势。在网络和信息化社会中，电子商务以其显著的信息优势为企业奠定了激烈竞争的生存之源和立足之本。电子商务的信息优势主要是指企业获取信息、处理信息、传输信息的能力，即提高企业宣传商品、分析目标市场、决策支持及新产品

开发等方面的信息能力，利用相关 IT 技术的信息网络平台全部或部分代替商务活动的程序，并最大限度地消除人工干预，以数字化、电子化、网络化的形式集成企业资源，提高企业在虚拟环境中的经营管理水平。这些信息优势主要制约着企业的市场竞争力，从而决定了电子商务信息优势的发挥与创造。例如，现代计算机网络在企业生产中的应用与制造活动相结合，使之更贴近市场需求，有助于提高企业生产的敏捷性和适应性，使高质量、低成本的产品与及时供货和周到服务相结合，把时间和服务、质量和成本并列为企业生产的要求。又如，企业利用互联网可以开展与国际市场的对话，企业在互联网上发布信息，较容易为企业的发展带来机遇、带来国际市场。网络虚拟化特征可以使小企业变大。互联网作为一种信息技术，可以从信息管理的各个方面把一个小企业变大，使企业在瞬息万变的商场上不再受到经济规模大小的制约，可以方便地进行信息的交流、管理与利用。因此，企业信息化建设的实施好坏决定着企业电子商务活动开展的成败。

电子商务作为企业信息化内容和功能的综合运用，它的发展和进步有利于现代企业在知识经济条件下保持旺盛的生命力，也更有利于增强企业的竞争力。信息化在企业中的应用主要经历了三个阶段：第一个阶段是信息技术简单、分散的应用，主要是解决特定的任务，但是可能无形中增加了管理成本；第二个阶段是部门应用整合，即将分散的任务整合为连续的流程；第三个阶段就是跨部门的应用整合，主要是管理和优化跨部门的业务流程，将分散的部门活动融合成组织良好的、可靠的系统，典型应用群有客户关系管理、企业资源规划、供应链管理、销售链管理、经营资源管理（ORM）和知识管理（KM）等。

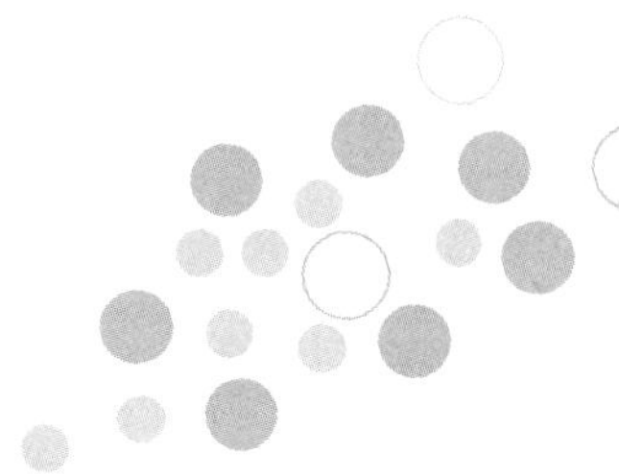

参考文献

[1] 许辉,张军．跨境电子商务实务[M]. 北京: 北京理工大学出版社, 2019.

[2] 马刚,姜明,杨兴凯．电子商务支付与结算[M].4 版．沈阳: 东北财经大学出版社, 2019.

[3] 干冀春,王子建．电子商务理论与实务[M].3 版．北京: 北京理工大学出版社, 2019.

[4] 李芬娟,易海峰,朱艳清．电子商务应用实务[M]. 南昌: 江西高校出版社, 2019.

[5] 赵玉明,侯新华,李丽．电子商务概论[M]. 南昌: 江西高校出版社, 2019.

[6] 陈志钦．电子商务项目管理[M]// 李桂鑫,张秋潮．电商人才培养系列丛书．北京: 北京理工大学出版社, 2019.

[7] 俞国红．电子商务安全[M]. 北京: 北京理工大学出版社, 2019.

[8] 崔聪聪．电子商务法[M]. 北京: 知识产权出版社, 2019.

[9] 盘红华．电子商务客户服务[M].2 版．北京: 北京理工大学出版社, 2019.

[10] 劳显茜,冯刚．电子商务运营[M]. 北京: 北京理工大学出版社, 2019.

[11] 谭莹,黄艺．电子商务网站建设[M]. 天津: 天津科学技术出版社, 2019.

[12] 张玉林,张小静,薛锦．社会化电子商务[M]. 北京: 化学工业出版社, 2019.

[13] 骆泽顺,许国柱．电子商务教程[M]. 广州: 华南理工大学出版社, 2019.

[14] 郁道华,杜宗晟,林菊玲．电子商务与现代物流[M]. 合肥: 安徽大学出版社, 2019.

[15] 马海峰．移动电子商务应用[M]. 成都: 四川科学技术出版社, 2019.

[16] 王健．跨境电子商务[M]. 北京: 机械工业出版社, 2019.

[17] 张巍,吴勇,傅治．电子商务运营实务[M]. 上海: 上海交通大学出版社, 2019.

[18] 逯宇铎,陈璇,孙速超.跨境电子商务案例[M].北京:机械工业出版社,2019.

[19] 徐慧婷,陈志铁.跨境电子商务[M].厦门:厦门大学出版社,2020.

[20] 陈佳乐,陈明.电子商务案例分析[M].北京:北京理工大学出版社,2020.

[21] 邢广陆,朱传霞.电子商务会计基础[M].北京:北京理工大学出版社,2019.

[22] 马莉婷.电子商务概论[M].北京:北京理工大学出版社,2016.

[23] 沈凤池,来立冬.电子商务基础[M].北京:北京理工大学出版社,2020.

[24] 罗立升.电子商务实训教程[M].北京:中国铁道出版社,2020.

[25] 李琪.电子商务导论[M].北京:中国铁道出版社,2012.

[26] 陈贵香,冯永强,肖艳.电子商务物流[M].南昌:江西高校出版社,2019.

[27] 李兴志,张华,曹益平.电子商务物流管理[M].济南:山东大学出版社,2019.

[28] 吴清燕,吴英照.电子商务实训[M].北京:中国原子能出版社,2019.